新时代乡村振兴丛书

张海庆　王　耀◎著

# 乡村振兴战略与村级土地规划

RURAL
REVITALIZATION
STRATEGY
AND
VILLAGE-LEVEL
LAND
PLANNING

经济管理出版社
ECONOMY & MANAGEMENT PUBLISHING HOUSE

**图书在版编目（CIP）数据**

乡村振兴战略与村级土地规划/张海庆，王耀著．—北京：经济管理出版社，
2023.10

ISBN 978-7-5096-9403-9

I.①乡… II.①张…②王… III.①农村—土地规划—研究—中国 IV.①F321.1

中国国家版本馆 CIP 数据核字（2023）第 205636 号

组稿编辑：王光艳
责任编辑：王光艳
责任印制：黄章平
责任校对：徐业霞

出版发行：经济管理出版社
　　　　　（北京市海淀区北蜂窝 8 号中雅大厦 A 座 11 层　100038）
网　　址：www.E-mp.com.cn
电　　话：(010) 51915602
印　　刷：北京市海淀区唐家岭福利印刷厂
经　　销：新华书店
开　　本：720mm×1000mm/16
印　　张：10.5
字　　数：177 千字
版　　次：2023 年 12 月第 1 版　　2023 年 12 月第 1 次印刷
书　　号：ISBN 978-7-5096-9403-9
定　　价：68.00 元

# 前　言

随着我国经济不断发展，社会进入转型升级阶段，乡村进入改革发展期，国家通过实施一系列的政策法规，促进农村改革发展。乡村振兴战略是过去一系列乡村发展政策的延续，更是对过去一系列乡村发展政策的升华，将乡村的发展振兴提升到了战略高度。随着经济发展，乡村土地规划受到了普遍的关注。我国在村级土地利用规划上要从长远角度考虑，要保护耕地面积，重视对土地数量、质量的全面规划控制，不断优化农村土地，利用规划在空间上布局。土地作为乡村的天然资源，在乡村振兴中发挥着关键作用。因此，村级土地利用规划工作的开展对乡村重构起到了引领作用，也是乡村振兴战略落实的基础。

本书共六章：第一章是乡村振兴战略概论，介绍了乡村振兴战略的意义与理论、乡村振兴战略的科学内涵、乡村振兴的战略导向与要点；第二章是乡村振兴战略规划与实施，介绍了乡村产业振兴的重点与完善、乡村生态振兴的发展路径、乡村文化振兴的实施；第三章是土地利用规划与分区，包括土地与土地利用概述，土地利用规划原理、结构与布局，土地节约集约利用与分区；第四章是土地利用规划及其信息系统的构建，分析了土地利用总体规划及其保障措施、土地利用专项规划与土地保护规划、土地利用规划管理与信息系统的构建、土地利用工程项目设计；第五章是村级土地利用规划的具体实施，乡村主要用地规划、乡村水利工程用地规划、乡村土地利用结构调整与布局优化三个方面来探讨村级土地利用规划的具体实施；第六章是乡村振兴战略与村级土地利用规划的融合，对乡村振兴战略下村级土地利用规划的编制、乡村振兴战略下村级土地利用规划的技术路线、乡村振兴与农业工程项目的融合进行了全面分析，以期更好地将乡村振兴战略与村级土地利用规划进行融合，实施乡村振兴战略，实现美丽乡村建设。

本书不仅内容丰富详尽，结构逻辑清晰，客观实用，对乡村振兴战略和土地利用规划的相关内容进行了系统梳理和阐述；而且针对性强，可读性、实用性较强，适用性广。另外，本书注重理论与实践的紧密结合，力图对乡村振兴战略下乡村土地的利用规划提供一定的参考。

作者在撰写本书的过程中得到了许多专家学者的帮助和指导，在此表示诚挚的谢意。由于作者水平有限，加之时间仓促，书中难免有疏漏和不足之处，希望读者多提宝贵意见，以便进一步修改，使之更加完善。

# 目　录

# 第一章
# 乡村振兴战略概论

乡村振兴战略的实施是对乡村各个领域进行全面深化改革，从而促进农村生态文明建设和公共卫生事业发展，提升农村基层社会治理能力，进一步促进农村经济发展和农民收入增长，进而促进农村和农民消费，为强大国内市场的形成、扩大内需战略的落实做出巨大贡献。本章将论述乡村振兴战略的意义与理论、乡村振兴战略的科学内涵、乡村振兴的战略导向与要点。

## 第一节　乡村振兴战略的意义与理论

### 一、乡村振兴战略的意义

#### （一）解决发展不平衡的需求

如今，社会的主要矛盾已经发生了改变，人们也有了更高的经济社会发展需求。我国社会的整体发展不够充分也不够平衡，这与人民日益增长的美好生活需要产生了矛盾。改革开放后，工业化和城市化有了飞速的发展，城市与农村的发展开始出现落差，城市和农村的经济增长比例、社会保障体系完善程度、教育资源丰富程度、就业机会多寡等方面都出现了不平衡发展的现象，农村内部发展不够充分，这种不充分体现在建设社会主义新农村的进程、共享现代社会发展成果、农业现代化发展等的不充分上。

## (二) 解决市场经济矛盾的着力点

我国改革市场经济的方向从未改变，在资源配置中，市场发挥的作用越来越重要，配置的效率和生产力发展水平都得到了提升，同时也带来了更加深且细的社会劳动分工。在市场经济深入发展的过程中，不仅需要对稀缺资源进行更大范围的配置，也需要对经济危机和市场体制中的生产过剩矛盾等问题加以考虑。

国际国内两手抓是解决问题的主要途径，要坚持以对外开放的形式推动经济发展，加强共建"一带一路"中的创新开放合作，推进贸易强国建设，对贸易新业态、新模式进行培育，提高投资与贸易自由化、便利化政策的水准，在对外投资的过程中创新投资形式，加强国际方面的产能合作，对与外界进行经济合作与竞争的自身优势进行培育；同时也要重点推进乡村振兴战略，使整体的发展战略格局得以长期稳定且各要素之间相辅相成。在复杂多变的国际形势下，全面推进乡村振兴战略是中国式现代化的必然选择。

## (三) 解决农业现代化的内容

我国农业农村发展在长久的努力下成就显著，在现代农业中，已经获得了建设方面的重大进展，同时许多农村剩余劳动力已经向城市转移，收入持续增长，农村各个产业都得到了全面的建设与推进，实现了重大改革，这为乡村振兴战略的实施打下了良好的基础。如今广大居民和农民亲眼见证了城乡居民收入的持续增长和经济的持续发展，他们都对未来抱有美好的期待。党和国家将振兴乡村作为战略，制定清晰的目标，提升思想与认识，体制逐渐完善，做好相应的服务与领导，这使我国城乡居民的发展期待得到了呼应，同时农民的教育、科技、文化和社会主义新农村建设也将在此引领下获得进一步的发展。

## 二、乡村振兴战略的理论

### （一）中国古代的重农思想

早在尧、舜、禹时代，我国就出现了农业管理思想，设立了掌管治水、农耕、渔猎的官职。到春秋战国时代，列国并立，群雄争霸，富国强兵成为各诸侯国一致追求的目标。富国和强兵都离不开农业生产的发展，于是形形色色的重农思想登上了我国历史舞台。

**1. "国富论"与"民富论"**

（1）"国富论"。最早提出"国富论"的代表人物是战国时期的著名政治家商鞅。他是卫国公室的后裔，原名卫鞅，亦名公孙鞅。商鞅年轻时在魏国当过国相公叔痤的家臣，后应秦孝公之招入秦，力劝秦孝公变法图强，深得秦孝公信任，官至大良造。在商鞅领导下，秦国先后在公元前359年和公元前350年实行变法，为日后的统一大业奠定了雄厚的政治经济基础。商鞅把"治、富、强、王"列为国家的最高政治目标。这里的"治"指社会秩序良好，"富"指国库充盈，"强"指军事兵力强盛，"王"即统一天下。要实现这一目标，必须大力发展农业生产。他说："善为国者，仓廪虽满，不偷于农。"意思是粮食多了也不能放松农业生产。商鞅首次在理论上将农业定位为"本业"，而将农业以外的其他经济行业一概称为"末业"，主张"事本"而"抑末"。这就是我国历史上推行"重农抑商"政策的理论由来。在《商君书》中，"国富"是出现频率很高的词汇。但是，商鞅的"国富"专指中央财政的国库充盈，是狭义的"国富论"。实现"国富"的途径：一方面要加强和发展农业生产；另一方面要增加税收，做到"民不逃粟，野无荒草"。由此可见，商鞅的"国富论"，实际上是一种重农与重税论。这在特定的时代条件下是暂时可行的和有效的，但带有严重的历史局限性和利益分配的偏颇性。

（2）"民富论"。"民富论"的代表人物是孟轲。孟轲也像商鞅一样渴望国家统一，进而提出了"王道"。商鞅主张以武力征服达到统一，孟轲则主张用仁政感化达到统一。孟轲提出要让农民拥有赖以生活的"恒产"，即耕地。他指出："民之为道也，有恒产者有恒心，无恒产者无恒心。苟无恒心，放辟邪侈，无不为己。"孟轲认为，圣明的君王治理天下，要做到"易(治)其田畴，薄其税敛，民可使富也"。人民的粮食充足了，生活富足了，难道还会有"不仁"的行为吗？孟轲反对法家的"禁末"(抑制工商业)思想，认为社会分工是必不可少的，主张"通功易事，以羡补不足"。孟轲竭力提倡的"仁政富民"思想体现在农业经济政策上就是"重农不抑商"，这是非常值得称道的。

**2. "上下俱富论"与"三才论"**

（1）"上下俱富论"。作为我国古代早期农业宏观管理理论的两大学派，"国富论"与"民富论"都主张男耕女织的小农经济，都重视发展农业生产。它们的主要区别在于："国富论"主张富国以强兵，实现国家统一；"民富论"则主张仁政以富民，保持社会和谐，长治久安。"国富论"重在"立国"，"民富论"重在"治国"。古代人民在长期的社会实践中，通过经验积累，研究出"上下俱富论"。"上下俱富论"的核心是国家与人民一起富有。这种共富方式避开了因为贫富差距造成的社会矛盾问题，并且与战国时期经济发展的整体走向相契合。

《管子》中的"上下俱富"汲取了商鞅变法中的"农本"思想，认为发展农业才是国家和人民共富的基础，只有农业发达了，才能真正实现"上下俱富"。《管子》指出，人民生活富裕了才会遵纪守法，提出了"仓廪实，则知礼节；衣食足，则知荣辱"的千古名言。同时，农业生产搞好了才能抵御外敌的入侵。"民事农则田垦，田垦则粟多，粟多则国富。国富则兵强，兵强者战胜。"但是，要建立一个富强而祥和的国家，应该是国与民同富，而不能把两者对立起来。他说："善为国者，必先富民，然后治之。"显然，《管子》中的经济观比商鞅的"国富论"更具有治国的实用性。

荀子的经济思想核心是"以政裕民"，与今天常说的"政策兴农"很相近。荀子说："轻田野之赋，平关市之征，省商贾之数，罕兴力役，无夺农时，如是则国富矣。夫是之谓以政裕民。"这就是要求统治者减轻农民的赋税负担，合理征收集市商品的交易税，减少商人(非农人口)的数量，少抽调民夫徭役，尤其是不要妨碍农事耕作，这样国家就富裕了。荀子的理论贡献在于他第一次阐明了"国富"应当是国家财富总量的增加，并将之定义为"上下俱富"，而之前的"国富论"往往只是指中央政府财政收入的增加。

（2）"三才论"。古代思想家对农业与自然环境、农业资源配置和利用等问题提出过许多经世致用的思想，"三才论"是其中具有农业哲学意义的一个宏观性的理论。

"三才"始见于《周易·说卦》，专指哲学概念的天、地、人，也称天道、地道、人道。战国时期的许多思想家从不同角度论述了"三才"之间的相互关系。管子将"三才"称为"三度"，"所谓三度者何？曰：上度之天祥，下度之地宜，中度之人顺"。孟子指出："天时不如地利，地利不如人和。"荀子从治国理财的角度强调"上得天时，下得地利，中得人和"，才能实现国家富强目标。《吕氏春秋》第一次将"三才"思想用于解释农业生产："夫稼，为之者人也，生之者地也，养之者天也。"这里的"稼"指农作物，也可泛指农业生产活动，"地""天"则指农业生产的环境因素，"人"是农业生产活动的主体。这段话是对农业生产诸要素之间辩证关系的哲学概括。其中，突出之点在于它阐述了农业生产的整体观、联系观、环境观，在我国传统农学中占有重要的指导性地位。

北魏农学家、《齐民要术》的作者贾思勰继承和发展了"三才"思想，他指出，人在农业生产中的主导作用是在尊重和掌握客观规律的前提下实现的，违反客观规律就会事与愿违、事倍功半。贾思勰指出："顺天时，量地利，则用力少而成功多。任情返道，劳而无获。"贾思勰甚至将"任情返道"（违反客观规律）的行为讽喻为"入泉伐木，登山求鱼"。在"三才"农业哲学思想影响下形成的中国传统农学，特别强调生产安排的因时、因地、因物制宜的"三宜"原则。明代农学家马一龙对此有一段富有哲理的阐述，他说："知时为上，知土次之。知其所宜，用其不可弃；知其所宜，避其不可为，力足以胜天矣。"

在"三才"思想推崇的农业环境观影响下，我国在公元前四世纪以前就产生了保护农业资源的意识，并在政策措施上予以体现。《礼记·月令》明确规定，在"天气下降，地气上腾，天地和同，草木萌动"的孟春季节，"禁止伐木，毋覆巢，毋杀孩虫、胎、夭、飞鸟，毋麛毋卵"。至仲春之月，除了要求统治者"毋作大事，以妨农之事"，还强调"毋竭川泽，毋漉陂池，毋焚山林"。这种资源保护意识普遍受到先秦思想家的认同和重视，有关论述不胜枚举。例如，《吕氏春秋》指出："竭泽而渔，岂不获得？而明年无鱼。"荀子说："污池、渊沼、川泽谨其时禁，故鱼鳖优多而百姓有馀用也。"他还特别强调要做到"罔罟、毒药不入泽，不夭其生，不绝其长也"。孟子说："斧斤以时入山林，材木不可胜用也。"当我们拂去历史的尘封，这些先知先觉的资源保护思想在今天依然放出了夺目的光芒。

**3. "轻重论"与"善因论"**

（1）"轻重论"。"轻重论"的代表人物是桑弘羊，西汉洛阳人，少时入宫任侍中，官拜大司农、御史大夫等职。他是西汉著名的理财专家，曾参与盐铁官营、均输、平准和统一铸币等重要经济政策的制定与实施，对当时的经济发展和国家建设起到了十分重要的作用。桑弘羊是历史上第一个敢于对"农业富国"正统思想提出异议的人。在昭帝始元六年（前81年）召开的一次著名的"盐铁会议"上，在与参加会议的各方贤良的大辩论中，桑弘羊比较系统、集中地阐述了他的经济观。针对反对派提出的"衣食者民之本，稼穑者民之务也，二者修，则国富而民安也"的观点，桑弘羊反驳道："富国何必用本农，足民何必井田也。"他接着指出："物丰者民衍，宅近市者家富。富在术数，不在劳身；利在势居，不在力耕也。"这就是说，富庶的地方人口就会繁衍，靠近市镇的人家就容易致富。致富的关键在于技巧和手段，不在于苦力劳作；获利的关键在于住所（店铺）的有利位置，不在于种地耕耘。所以，桑弘羊等人竭力主张国家利用农产品交易中的价格变化规律，控制生产、分配、消费全过程，以达到全面垄断国民经济的目的。这一过程的专门术语叫"行轻重之术"。

桑弘羊的理论依据如下：

第一，影响市场商品价格的要素来自三个方面：①年成丰歉和农作物收获的季节变化，"岁有凶穰，故谷有贵贱"；②商人的囤积聚散，"聚则重，散则轻"；③政府的赋税征收，"急则重，缓则轻"。

第二，国家可以利用"物多则贱，寡则贵"的物价变动规律增加财政收入，"人君操谷、币金衡，而天下可定也"，这么做即使不向人民征收人口税（万民无籍），财富也会流入国库。

第三，国家利用"轻重之术"聚敛财富，在政治上也有多方面的好处：国家"敛轻散重"；避免巨商大贾"豪夺吾民"，能使黎民百姓"守之以准平"。因此，他主张行"轻重之术"以实现国家对农业生产和社会财富的调控与管理。

（2）"善因论"。"善因论"是西汉司马迁提出的，他认为采取经济放任政策比干预政策更有利于社会经济活动，与桑弘羊提出的"轻重论"恰恰相反。司马迁认为国家的发展应该顺应经济的发展，减少对农业活动的干预，让农业发展顺其自然。《史记·货殖列传》的核心观念是"因之"，即顺应自然。司马迁在此基础上加上"利道之"，这是指可以通过某些利于民的方法，引导人们从事一些对国家经济增长有帮助的事情；从思想观念上加以教育，这是"教诲之"；此外，还可以采用国家的法律法规政策对行为加以约束，这是"整齐之"。由上可知，司马迁提出的"善因论"并非无政府管理约束，他认为政府在经济活动中应扮演管理者的角色，对经济活动中的出格部分加以约束、整改。因此，他认为"轻重论"学派提出的干预是"最下者"，即最坏的经济政策是国家直接从事经济活动，并与民争利。这是对汉武帝时期进行盐铁官营、均输等经济政策的强烈反对。

司马迁的理论依据包括以下三点：

第一，经济活动的动力来自人们的求富欲望。他说："富者，人之情性，所不学而俱欲者也。""天下熙熙，皆为利来；天下攘攘，皆为利往"，用不着政府干预。

第二，人们的物质需要是多方面的。农、虞、工、商是国家的四大经济部门。只要人们依法从事经济活动，政府就别去干预他们。某种商品的价格低了人们就会减少生产，自然就会变贵（物贱之征贵），反之也一样。

第三，人们的贫富差别是由人的能力大小造成的，"巧者有余，拙者不足"，这是天经地义的事情。

总之，司马迁提出的"善因论"经济观点，是对西汉前期无为经济的全面肯定和经验总结，"利道""教诲""整齐"等手段的运用可以实现"上下俱富"的目标，也能改善在经济活动中存在的诸多不足。

## (二) 西方经济学理论

西方经济学家大多把农业看成促进工业化发展的一种手段, 它的作用主要是向工业提供过剩劳动力、资本和粮食。

**1. 刘易斯的乡村发展理论**

许多西方国家的学者在研究乡村发展理论, 著名的发展中国家经济二元结构是由美国的发展经济学家刘易斯提出的, 这也是美国著名的乡村发展理论之一。在 20 世纪 50 年代, 诺贝尔经济学奖获得者刘易斯对发达国家经济发展的相关经验和材料进行了研究, 其研究成果"劳动无限供给条件下的经济发展"在 1954 年成功发表。在这篇文章中, 他提出了著名的乡村发展理论——发展中国家经济二元结构理论。他认为发展中国家的发展依托两个部门: 一个是传统部门, 在传统部门中影响力较大的主要是农业部门, 这一部门人口存量大, 边际生产率低, 劳动人口大多从事手工劳动, 不使用再生产性资本, 因此收入水平比较低; 另一个是现代部门, 在这一部门中, 生产活动基本上是机器运作, 生产率高, 劳动人口的收入水平比传统部门高。发展中国家经济二元结构理论关于乡村发展的核心问题的解决方法是推动传统部门与现代部门的资源互补。

**2. 罗斯托的乡村发展理论**

在国家实现工业化的过程中, 需要经历不同的发展阶段。罗斯托在经济现代化理论的基础上, 将国家经济的发展过程分成六个阶段: ①传统社会阶段, 国家经济主要以传统农业为主; ②准备起飞阶段, 国家经济新兴产业萌芽, 工业化起步; ③起飞阶段, 各类工业化企业正式起步发展; ④向成熟推进阶段, 各类产业发展到一定程度, 逐渐趋于成熟; ⑤高额消费阶段, 国家的经济发展迅速, 人们的消费能力不断提高; ⑥追求生活质量阶段, 人们物质方面得到满足以后, 更加追求生活的质量。

**3. 舒尔茨的乡村发展理论**

许多美国的学者对乡村发展进行了深入研究, 除了上述学者, 美国著名的经济学家舒尔茨在 20 世纪 60 年代也对乡村农业的发展进行了研究。他在《改造传统农业》一书中认为，要足够重视农业的现代化发展，农业也能够为一个国家经济的发展做出重大贡献，要对发展中国家的农业进行现代化改造，并提出了改造传统农业的具体措施及改造重点。同时，舒尔茨也论述了在发展中国家，传统农业必须进行现代化改造才能为国家经济增长做出贡献。对于改造传统农业，他提出了相应的意见：

首先，要对农业劳动者(农民)进行专业化的培训。通过讲座等形式的专业化培训，让农民学习更多先进的、科学的方法和技术。

其次，要健全农业发展的市场机制和制度。建立的机制和制度需要立足实际情况，适应市场化的发展需求，通过所有权与经营权合并激励农民生产，提高土地生产率。

最后，要引进现代农业生产要素。为了适应时代的发展，农业的发展必须进行现代化转型，这也是改造传统农业的关键环节，要创造良好的生产条件，从而更有效地引进现代生产要素。政府与各类企业要积极研发现代化农业生产要素，政府要大力推广现代化农业生产要素，让农民在了解的基础上接受并学会使用这些要素。

**4. 拉尼斯和费景汉的乡村发展理论**

为了进一步深入研究乡村理论，美国的很多学者投入乡村理论的研究当中。其中，拉尼斯和费景汉在刘易斯的发展中国家经济二元结构理论的基础上进行了进一步的完善，并由此提出了双元经济结构的演变理论。他们认为经济发展有以下三个阶段：

第一，农业劳动力向工业转移阶段。随着社会的不断进步，工业得到迅速发展，各类工业的发展也吸引了大批劳动人口迁移，而这些劳动人口大部分来自农业。

第二，促进农业增长阶段。工业的快速发展让大量农业劳动力流失，农业中的剩余劳动力逐渐减少，而农业是工业增长的重要保障，因此为了稳定工业的增长，需要不断促进农业增长，以保证农产品供给的安全，避免粮食价格大幅上涨等现象的发生。因此，需要不断提供农业剩余，提高农业生产率，以更好地促进二元经济的转型升级。

第三，农业改造阶段。在这一阶段中，工业的发展趋于稳定，也在逐步带动农业的现代化发展。这也是农业的现代化改造时期，在这一时期二元经济向一元经济转化。

### 5. 托达罗的乡村发展理论

随着工业的不断发展，发展中国家的经济也得到了一定的发展。社会经济的发展加快城市化的进程，城市的发展也在吸引农村的劳动力。20世纪20年代以后，工业的发展规模继续扩大，发展中国家城市的发展更加成熟，而农村人口向城市流动的速度还在不断加快，在这一时期的发展中国家城市中，失业现象越来越严重。之前，很多学者将研究重点放在工业与农业的关系方面，而托达罗则将研究重点转向城市与农村之间的关系。在此基础上，托达罗提出了二元模型，以解释城乡之间的人口流动现象。在农村的劳动力能够实现充分就业，劳动力自身预计能够得到的报酬与实际获得的报酬基本上相等；在城市的劳动力则无法实现充分就业，而且城市中存在严重的失业现象，这导致城市中的劳动力在就业方面具有不确定性，因此劳动力的预期收入与实际收入不对等。其原因主要为以下两点：

第一，在城市现代化发展的过程中，很多发展中国家的企业抓住机遇得以发展，企业的发展促进了城市资本的不断积累，使经济得到发展，进而吸引外来投资，也带来了先进的技术。在此过程中，各行各业为劳动力创造了许多就业机会。因此，如果城乡实际收入不变，那么城乡之间预期收入的差距会越来越大，城市的失业现象也会更加严重。

第二，城市现代化的发展促进了技术进步，先进技术会提高劳动生产率，从而节省大量的成本，对劳动力的需求会逐渐减少。

随着城市化进程的不断加快，越来越多的农村劳动力进入城市就业，城市的就业压力逐渐增大，而农村的发展仍然落后于城市，进而使城乡之间的差距越来越大。为了缩小城乡之间的差距，实现城乡一体化发展，政府应该向农村投入更多的资金，将先进的农业知识及技术引入农村，改善农村生产条件，优化农村生活环境，建设现代化农村。

# 第二节　乡村振兴战略的科学内涵

乡村振兴战略内容全面，且在内涵、目标和层次方面均有所超越，这是我国农村在新时代的发展理念与方向的巨大转变，已经开始重视农村农业优先发展、整体的发展质量和城乡融合发展。

## 一、基础：产业兴旺

对于农村的可持续发展来说，农村产业发展是必要的。纵观中国的农村产业发展过程，在过去，生产发展是其主要强调的内容，其中农业是主要强调的方面，这是因为在当时农民的温饱问题迫在眉睫，需要将农民的生活推向小康。如今，生产发展的说法已经转变为产业兴旺，这代表人民迎来了更加务实和聚焦的新的农业农村政策体系，农业农村现代化是其主要目标。

在过去，产业对产量过分重视，采取粗放型的生产，可持续发展性不强且产品低端；如今，产业兴旺，要求整体的生产追求质量，转向精细型经营，走可持续发展道路，并提供高端产品。农村产业融合发展是城乡融合发展的重点步骤。要想实现农业的产业兴旺，必须对农村的产业进行丰富发展，加速融合农村的一、二、三产业，在改革方面侧重于供给侧结构性改革，重视产品效益和质量的提升，促进农村和农民的收入增长，提升农业产量，推动城市与农村的融合发展。产业兴旺是农民生活富裕的前提，而产业兴旺和农民富裕又能推动乡村文明的发展，要想使生态宜居水平真正得到提高，就必须有效地统一农民富裕、产业兴旺、治理有效和乡村文明。

## 二、保障：生态宜居

将美丽乡村建设成生态宜居乡村是乡村振兴战略提出的内容，是人民日益增长的美好愿望，也是新时代生态文明建设的重要途径。

生态宜居是一种乡村探索形式，也是在找寻的一种能够结合生态、生活和生产的低碳经济发展方式。绿色发展是生态宜居的内核，其核心是可持续与低碳。生态底色从始至终都存在于乡村的产业兴旺中，通过生态宜居家园的建设来创造物质财富，建设生态文明，并使两者融合起来，以绿色的可持续发展道路为基础，为人们创造更富裕的生活。同时，生态文明是乡村文明十分重要的组成部分。另外，要想有效地治理乡村就必须良好地治理乡村生态，而这种良好的治理需要依赖乡村生态治理体制机制。从这个层面来看，要想将乡村打造成生态宜居型地区，就必须重视生态文明建设，打好其基础并切实进行。

# 三、灵魂：乡风文明

文明乡风是文明中国的根，要想发展文明就必须依靠乡风文明。对文明乡风的传承和培育是将新气象和发展带给乡村的前提。中华民族优秀传统文化孕育在乡土社会中，对文明乡风的培育和传承是中华民族优秀传统文化传承与弘扬的必要前提。对于乡村文明和乡村文化的建设来说，乡风文明是其基本目标，同时，文明乡风的培育是建设乡村精神文明和乡村文化的主要内容。

社会安定的前提是家庭和睦，社会祥和的前提是家庭幸福，家庭文明对社会文明的影响重大。优良的家庭教育能够带来和谐的氛围、更高的品德和精神境界，有利于文明风尚的培育；优良的家风家训能够塑造和谐的社会氛围。为了建立良好的社会风气，应当积极倡导和践行文明乡风，使文明扎根在乡村的土壤中，有效治理乡村。文明的乡风能够促进生态宜居家园和乡村生态文明的建设；能够将人心和人气聚集起来，打造良好的社会氛围，并以此推动乡村产业的发展；能够使农民获得更加丰富的精神生活。

要想使乡风文明得以实现，就必须对农村优秀传统文化的基本走向、发展脉络和历史渊源进行深入的研究，挖掘并保护中国优秀的传统文化；要完善和健全家风、家教、家训建设的工作机制，充分挖掘各地的众多优良乡风习俗，将其作为激励措施，引导村民学习传扬；要在校园和课堂活动中引入良好的家风、家训，让学生创作与优秀家风、家训相关的文艺作品，并阅读相关读本，真正落实文明乡风建设。

## 四、核心：治理有效

要想使农村稳定地发展，就必须有效地治理乡村。乡村的文明建设、产业兴旺和富裕的生活都需要良好的秩序来支撑，因此只有有效地治理乡村，才能有序推进乡村振兴。有效整合国家与社会资源，是乡村治理的主要特征，乡村治理会对乡村的治理资源进行盘活，对农村长期积累下来的矛盾和冲突进行有效化解与平衡。可以说，乡村治理技术手段在以有效治理为目标的情况下能够更加包容、开放和多元化。可以充分利用所有对有效治理乡村有益的资源，可以不单纯依靠乡村治理的技术手段，否则容易弱化均衡乡村社会秩序和追求治理绩效的效果。

对结合了德治、法治和自治的乡村治理体系进行鉴权，这是有效治理乡村的前提，也是乡村振兴战略实施的重要内容。国家和社会在乡村治理的进程中的整合被充分体现出来，不仅要盘活村民的现代治理资源，而且要守住法律的底线，同时还要对乡村社会一直以来的治理密钥进行良好利用，促进整体乡村治理格局走向多元并蓄、互为补充和相辅相成的道路。国家的治理已经不再是过去的民主管理，而是现在的有效治理，这既是国家治理体系和治理能力现代化的客观需求，也是农业农村现代化和乡村振兴战略实施的需求。将融合了德治、法治和自治的机制进行健全与完善是乡村治理有效的关键，应当高度融合乡村的德治、法治和自治。

## 五、目标：生活富裕

生活富裕是乡村振兴战略实施的最终目标。近年来，农民收入的增长幅度连续多年高于城镇居民，农民的生活水平已有很大改观。据国家统计局发布，2021 年全国居民人均可支配收入 35128 元，比 2012 年增加 18618 元，城乡居民人均可支配收入之比为 2.50，比 2012 年下降 0.38，城乡居民收入相对差距持续缩小。但 2021 年农村居民人均可支配收入 18931 元，相比城镇居民人均可支配收入 47412 元，还有很大的增长空间。

　　乡村不发展，中国就不可能真正发展；乡村社会不实现小康，中国社会就不可能全面实现小康，乡土文化就得不到重构和弘扬，中华优秀传统文化也就不可能得到真正的弘扬。乡村振兴战略指明了农村人才队伍发展的新方向。农村的现代化需要农村人才的现代化作为保障和支持。"一懂两爱"人才队伍内涵的提出，是对农村人才培养的新要求，为未来"三农"工作队伍建设指明了新方向。乡村振兴战略是继科技兴国战略、人才强国战略等关系国计民生的重大战略之后，我国提出的又一个具有重大突破性意义的发展战略，对美丽乡村建设、农业农村现代化建设具有重要的指导和推动作用(见表 1-1)。因此，振兴乡村对振兴中华、实现中华民族伟大复兴中国梦有着重要的意义。

表 1-1　乡村振兴战略 20 字总要求的内涵

| 社会主义新农村建设 | 乡村振兴战略 | 比较描述 |
|---|---|---|
| 生产发展 | 产业兴旺 | 发展是解决我国一切问题的基础和关键，由"发展"到"兴旺"，体现了层次上和要求上的升级 |
| 村容整洁 | 生态宜居 | 静态升级到动态，强调农村生态文明建设：一是从村庄面貌干净整洁单项拓展到整个生态环境；二是注重人的获得感，达到"宜居" |
| 乡风文明 | 乡风文明 | 乡风文明建设是精神文明建设范畴，是一个长期过程，必须坚持、完善和发展 |
| 管理民主 | 治理有效 | 从管理到治理，民主是要求，有效是结果，从重程序到重结果，加强创新新农村社会治理，农村更加和谐、安定、有序 |
| 生活宽裕 | 生活富裕 | 城乡居民收入差距进一步缩小，农民有持续稳定的收入来源，经济宽裕、衣食无忧、生活便利、共同富裕 |

# 第三节 乡村振兴的战略导向与要点

## 一、乡村振兴的战略导向

第一，以高质量发展为导向。我国的经济发展逐渐由高速度走向高质量，应始终将质量和效益放在首位，坚持实施供给侧结构性改革，使我国经济在质量、效率和动力方面实现质的提升。我国将高质量发展作为全面建设社会主义现代化国家的首要任务，一切思路和政策的制定都以此为指导方针和目标。政府应在全过程中始终以高质量发展为指导方向，从根本上理解高质量发展的含义，同时寻求其实现方法。

第二，优先发展农业、农村。之所以在众多战略中将农村的优先发展作为主要目标，是因为农村缺乏全面的发展，且与城市发展存在一定的差距。另外，"三农"的发展还能够缩小城乡收入差距，推动经济发展和城乡关系的稳固，对各种风险应对能力进行加强，公共品属性较强；"三农"的发展在市场经济条件下的竞争优势并不明显，容易出现市场失灵的状况。所以，在配置资源的过程中市场占领主导地位。政府在此基础上对其功能进行发挥，大力推进农业农村的发展，同时稳定市场。"三农"问题应当受到重点关注，因为其与国计民生息息相关。另外，为遵循"补短板、抓重点"的原则，并顺应协同性和系统性的特点，坚持农业农村优先发展。

第三，走城乡融合发展道路。我国逐渐深入推动新型工农城乡关系，这与工农城乡关系的新方向相符合，应当在促进农业现代化建设发展之前，对城乡融合发展体制机制进行完善。对于农业现代化建设来说，全面发展落实城乡融合有十分深刻的意义。

工农城乡之间是相辅相成的关系，两者联系紧密，而在紧密的联系下也带来了越来越频繁的资源、人口和要素的流动，出现了更加强烈的产业间的渗透现象，同时产权、资源和要素之间也拥有更加紧密的重组关系，城乡之间逐渐融合。因此，对于乡村振兴战略的实施来说，促进城乡融合并建立健全城乡融合发展的政策体系与体制机制是其基础和重点。

## 二、乡村振兴的战略要点

### （一）发挥战略导向作用

在中共中央、国务院印发《乡村振兴战略规划（2018—2022 年）》前，已有个别地区出台了本地区的乡村振兴规划，由此体现的探索精神和创新价值是值得肯定的，但在对接《乡村振兴战略规划（2018—2022 年）》方面，还存在一些不足。当然，如果待《乡村振兴战略规划（2018—2022 年）》正式发布后，再启动省级特别是地市级、县级乡村振兴规划的编制工作，可能会影响该规划发挥指导作用的及时性。因为一个好的规划是需要一定时间"打磨"的，乡村振兴战略涉及领域广，现有的理论和政策研究相对不足，增加了提高规划编制质量的难度。

为协调处理发挥国家规划战略导向作用与增强地方规划指导作用及时性的矛盾，建议各地在启动乡村振兴规划编制的调研工作时，应在保证质量的前提下，尽早完成规划初稿。待国家规划发布后，再进一步做好地方规划初稿和国家规划的对接工作。县级规划还要待省级、地市级规划发布后，再尽快做好对接工作。按照这种方式编制的地方规划，不仅可以保证国家规划能够结合本地实际更好地落地，也可以为因地制宜地推进乡村振兴的地方实践及时发挥具体行动指南的作用。当然，在此过程中，为提高地方乡村振兴规划的编制质量，要认真学习党的二十大精神和关于实施乡村振兴战略、建设现代化经济体系的一系列论述和决策部署，并结合本地实际进行创造性转化和探索。

### （二）重视规划的战略思维

好的战略思维要给人带来方向感、探索感和共同的命运感。方向感很容易理解，但从以往的实践来看，有些地方规划的战略思维不够，难以体现战略性要求，要通过提升规划的战略思维，描绘出未来的发展蓝图和目标。鉴于规划未来和当前现实之间可能存在的资源、要素及能力的缺失，应该让规划的实施者想方设法努力实现这些规划的未来目标，形成探索感。探索感就是要唤起参与者、组织者的创新创业精神和发展潜能，发现问题，迎难而上，创造性地解决问题，甚至在探索解决问题的过程中，提高创造性地解决问题的能力。共同的命运感就是要争取参与者和组织者成为命运共同体，形成共情效应，努力产生"风雨同舟，上下齐心"的共鸣。例如，在编制和实施乡村振兴战略的过程中，要注意在不同利益相关者之间形成有效的利益联结机制，激励大家合力推进乡村振兴，让广大农民和其他参与者在共商共建过程中有更多的获得感，实现共享发展。

重视规划的战略思维，要在规划的编制和实施过程中，统筹处理"尽力而为"与"量力而行"、增强信心与保持耐心的关系，协调处理规划制定、实施紧迫性与循序渐进的关系。

重视规划的战略思维，还要注意增强乡村振兴规划的开放性和包容性。增强规划的开放性，要注意拓宽由外及内的规划视角，综合考虑外部环境变化、区域或城乡之间竞争—合作关系演变、新的科技革命和产业革命，以及交通路网、信息网发展和转型升级对本地区、本部门实施乡村振兴战略的影响，规避因规划的战略定位简单雷同、战略手段模仿复制所导致的乡村振兴区域优势和竞争特色的弱化，进而带来乡村振兴的低质量发展。增强规划的包容性，不仅要注意对不同利益相关者的包容，注意调动一切积极因素参与乡村振兴，还要注意区域之间发展、城乡之间发展的包容，积极引导部门之间、区域之间、城乡之间加强乡村振兴的合作。例如，在推进乡村产业兴旺的过程中，引导区域之间联合打造区域品牌，合作打造公共服务平台、培育产业联盟等。实际上，增强乡村振兴规划的开放性和包容性也有利于推进乡村产业振兴、人才振兴、文化振兴、生态振兴和组织振兴，更好地坚持乡村全面振兴，增进乡村振兴的协同性、关联性和整体性，统筹提升乡村的多种功能和价值，要注意在开放、包容中培育乡村振兴的区域特色和竞争优势。

## （三）拓宽网络经济视角

当今世界，随着全球化、信息化的深入推进，网络经济的影响日益深化和普遍化。根据梅特卡夫法则，网络的价值与网络节点数的平方成正比。换句话说，如果网络节点数以算术级的速度增长，网络的价值就会以指数级的速度增长。与此相关的是，新网络用户的加入往往导致所有用户的价值迅速提升；网络用户的增多会促使网络价值迅速膨胀，并进一步带来更多的新用户，产生正向反馈循环。网络会鼓励成功者取得更大的成功，这就是网络经济学中的"回报递增"。如果传统社会更关注对有形空间的占有和使用效率，那么网络社会更关注价值节点的分布和连接，在这里关系甚至比技术质量更重要。按照网络经济思维，要注意把最合适的东西送到最合适的人手中，促进社会资源精准匹配。

随着交通路网基础设施特别是高铁网络、航空网络和信息网络基础设施的发展，在实施乡村振兴战略的过程中，如何利用网络效应、培育网络效应的问题迅速凸显。任何网络都有节点和连接线两类要素，网络功能是两者有机结合、综合作用的结果。在实施乡村振兴战略的过程中，粮食生产功能区、重要农产品生产保护区、特色农产品优势区、农村产业融合示范园、中心村、中心镇等载体和平台都可以看作推进乡村振兴的网络节点，交通路网基础设施、信息网络基础设施都可以看作推进乡村振兴的连接线；也可以把各类新型经营主体、各类社会组织看作推进乡村振兴的网络节点，把面向新型经营主体或各类社会组织的服务体系看作推进乡村振兴的连接线，把推进乡村振兴的体制机制、政策环境或运行生态建设作为连接线，也是一种分析视角。在实施乡村振兴战略的过程中，部分关键节点或连接线建设对推进乡村振兴的高质量发展可能具有画龙点睛的作用，在编制乡村振兴战略规划的过程中需要高度重视。

在编制和实施乡村振兴规划的过程中，培育网络经济视角对完善乡村振兴的规划布局，更好地发挥新型城镇化或城市群对乡村振兴的引领、辐射、带动作用具有重要意义。通过在城市群内部培育不同类型城市之间错位发展、分工协作、优势互补的网络发展新格局，带动城市群质量的提高，更好地发挥城市群对工农城乡发展、"三农"发展的辐射带动作用。

同时也要注意引导县城和小城镇、中心村、中心镇、特色小镇，甚至农村居民点、农村产业园或功能区，增进城市群内部区域中心城市（镇）之间的分工协作和有机联系，培育网络发展新格局，为提升乡村功能价值创造条件。

要结合培育网络经济视角，在编制和实施乡村振兴规划的过程中，加强对乡村振兴的分类施策。部分乡村能够有效融入所在城市群，或相互之间能够形成特色鲜明、分工协作、优势互补、网络发展新关联，应该积极引导其分别走上集聚提升型、城郊融合型、卫星村镇型、特色文化或景观保护型、向城市转型等发展道路。此外，用网络经济视角编制和实施乡村振兴规划还要注意统筹谋划党的建设、农村经济建设、政治建设、文化建设、社会建设和生态文明建设，提升乡村振兴的协同性、关联性，加强对乡村振兴的整体部署，完善乡村振兴的协同推进机制。按照网络经济视角，以"连接大于拥有"代替之前的"占有大于一切"。

因此，在推进乡村振兴的过程中，要注意通过借势发展带动造势发展，创新"不求所有，但求所用"的方式，吸引城市的领军企业、领军人才参与和引领乡村振兴，更好地发挥"四两拨千斤"的作用。这样也有利于促进乡村振兴过程中的区域合作、部门合作、组织合作和人才合作，用开放、包容的理念推进乡村振兴过程中资源、要素和人才质量的提高。

## （四）深入推进体制改革

在实施乡村振兴战略的过程中，推进体制机制改革和政策创新具有关键性的影响。在编制乡村振兴战略规划的过程中，提出推进体制机制改革、强化乡村振兴制度性供给的思路或路径固然重要，但采取有效措施，围绕深化体制机制改革提出一些切实可行的方向性、目标性要求，把规划的编制和实施转化为撬动体制机制改革深入推进的杠杆，借此唤醒系列、连锁改革的激发机制，对提升规划质量、推进乡村振兴的高质量发展有更重要的意义。

例如，有些经济发达、被动城市化的原农村地区，依托区位交通优势，乡村工商业比较发达，城市化推进很快。但是由于长期不重视统筹城乡规划，民居和乡村产业园区布局散、乱、杂，乡村产业园改造和城中村治理问题日趋突出。要解决这些复杂严峻的区域乡村振兴问题，应加强对这些地区的支持，鼓励其以加强城中村、乡村产业园治理或其他具有区域代表性的特色问题治理为重点，开展农村综合改革和农村改革试验区工作，也可鼓励这些地区直接创建"城乡融合发展体制机制改革试验区"，率先探索、推进城乡融合发展的体制机制和政策创新。

重点围绕各地区乡村振兴亟待解决的重大难点问题，组织相关体制机制改革和政策创新的试验，这也为形成具有区域特色的乡村振兴道路探索了一条新路。推进乡村振兴，每个地方都应走有区域特色的乡村振兴道路。中国特色的社会主义乡村振兴道路应该由各地富有区域特色的乡村振兴道路汇聚而成。

## （五）加强规划精神的宣传推广

为强化乡村振兴的规划引领，加强规划编制和实施工作固然重要，但加强规划精神、规划思路的宣传推广更加不可或缺。这不仅有利于乡村振兴的利益相关者更好地理解乡村振兴规划的战略意图，增强其实施规划的信心和主动性、积极性；还有利于将乡村振兴的规划精神更好地转化为推进乡村振兴的自觉行动，提高乡村振兴的水平和质量。加强对乡村振兴规划精神的宣传推广，可以将工作适当前移，通过在规划编制过程中促进不同观点的碰撞、交流和讨论，更好地贯彻中央推进乡村振兴的战略意图和政策精神，提升乡村振兴规划的编制质量与水平。结合规划编制和实施过程中的调研结果，加强对典型经验、典型模式、典型案例的分析总结，将加强顶层设计与鼓励基层发挥首创精神结合起来，发挥榜样的示范引领作用，带动乡村振兴规划编制和实施水平的提高。

近年来，许多发达地区在推进美丽乡村建设方面走在我国前列，探索形成了一系列可供借鉴推广的乡村振兴经验；也有些欠发达地区结合自身实际，在部分领域发挥了乡村振兴探路先锋的作用。要注意不同类型典型经验、典型模式、典型案例的比较研究和融合提升，借此提升其示范推广价值。例如，近年来在安徽宿州率先发展起来的现代农业产业化联合体、在四川成都兴起的"小规模、组团式、微田园、生态化"新农村综合体、在浙江探索乡村的现代农业综合体，各有成效和特色，值得我们借鉴和推广。有些地区在推进乡村振兴方面虽然提供了一些经验，但提供的教训可能更加深刻。加强对这些教训的分析研究，对提高乡村振兴规划编制和实施的水平与质量更具重要意义。

# 第■章
# 乡村振兴战略规划与实施

随着农村脱贫攻坚的胜利落幕和"十四五规划"的第一个五年规划目标的实现，政府应为实现下一个目标"乡村振兴"，针对新农村、美丽乡村建设提出自己必要的规划设想。本章将探讨乡村产业振兴的重点与完善、乡村生态振兴的发展路径、乡村文化振兴的实施。

## 第一节 乡村产业振兴的重点与完善

### 一、乡村产业振兴的重点

就当前发展而言，乡村产业振兴工作有待提升，乡村振兴是一个相对艰难、漫长的过程，因此确立其发展方向、突出重点显得尤为重要。

第一，调整农产品的供给关系。乡村发展主要依赖农业，保证农产品的安全与供应对乡村发展具有重要意义。首先，国家应当高度重视农产品的生产、加工、处理，充分调动农民的积极性，提高农产品的产量和质量；其次，不断优化农业结构，始终将产量、质量作为农产品生产的重要指标，国家应当整合乡村资源，发挥各个地区的优势；最后，加大乡村基础设施建设，满足人们的文化、精神需求。

第二，坚持走可持续发展道路。农业生产可能会对环境造成一定的影响，树立可持续发展观念、倡导绿色的生活方式、维护生态平衡十分重要。因为乡村具有丰富的资源及巨大的生态优势，国家应当鼓励并倡导农民采用绿色种植方式，禁止使用对环境污染较大的化学药品，尽可能减少其在生产过程中所产生的环境污染。

第三，推动乡村发展、带动农民致富。乡村振兴的目的就是提高人民的生活质量，推动乡村发展，进而缩小贫富差距，并实现共同富裕的宏伟目标。当今乡村发展仍与我国的城镇化率息息相关，但城镇化率实质上只是众多因素中的一个，推进城镇化进程能够缓解当前乡村的发展境况。尽管一部分人已经向城市迈进，但是我国农村人口的基数过大，乡村仍面临众多有关生产生活的问题。综上所述，乡村振兴工作的核心任务就是解决乡村就业问题，提高农民的就业率，让农民具有稳定的收入来源，保证基本的生计。应加大乡村建设的资金投入，带动农民致富，大力发展乡村的旅游业、畜牧业及其他产业，切实做好乡村振兴工作。

第四，加强城乡合作，促进城乡融合。农村和城市各具优势，产业应当在两者之间协调配合、分散布局，推动乡村产业的发展。促进城乡融合发展主要涉及两方面内容：一是在农村实现农产品的生产、加工等，在城市实现产品的销售、设备制造、配送等，充分发挥两者的地域优势，提高农产品的生产效率和经济效益；二是学习先进的生产技术，引进智能化的生产设备和高素质人才，从产品的生产到加工都应当有专业人士进行指导，定期对生产人员进行技术培训，提升乡村产业的整体水平，尽可能缩小城乡差距，加强城乡合作。

## 二、乡村产业振兴的完善

乡村产业振兴离不开政府和市场的支持，政府和市场不仅能够调整乡村产业结构，还能在推动产业发展方面发挥至关重要的作用。政府应当完善相应的奖励政策，加大乡村产业的建设投入，提升产品的生产效率；市场则需要在产业的销售方面发挥作用，消除阻碍乡村产业发展的不利因素，为乡村产业发展注入新的活力。

第一，进一步优化农企的周边环境，充分发挥供应链、价值链、利益链的优势。农业企业家在农业生产过程中占据重要地位，农业企业家不仅能够带给农民指导性的意见和正确的方法，还能够不断优化产品结构，可见，他们就是农业发展的风向标。通常情况下，我们可以将现代农业体系划分为三大类体系，即产业体系、经营体系、生产体系，三大类体系之间相互影响、相辅相成，乡村经济发展较为缓慢，这与乡村产业缺乏创新性、先进性息息相关，若想实现乡村企业振兴，就应当提升生产效率和产品的市场竞争力。农业企业家是振兴乡村产业的核心人物，无论是品牌的建立、质量的提高，还是农业生态保护、产品服务，都离不开他们。农业发展的根本就在于延伸乡村产业链，提升价值链，三大链的推动是产业发展的核心。除此之外，农业生产应当逐步趋于智能化、多元化、专业化，这样新型农业才能在市场中站稳脚跟，带动乡村产业发展。众多大中型企业、工商资本家越来越倾向于投资一些新型的乡村产业，这些投资商的实力相对较强，资金雄厚，战略完善。企业家不仅了解市场的整体状况，还具备丰富的生产经验和先进的运营理念，能够使乡村产业实现跨越式发展。企业家会不断学习优秀的发展理念及先进的生产模式，并将其灵活地应用到乡村产业中，不断扩大乡村产业的知名度和市场占有率，实际上，企业家充当了产业带头人的角色。乡村发展速度缓慢、企业投资较少，众多地区的生态优势还未被发掘，要扩大投资规模，利用优质的城市资源来带动农村地区的发展。乡村企业发展不能够被传统的生产模式所束缚，应当发挥地区优势，带动其他产业并行发展，努力缩小我国的城乡差距。

农业企业家只是众多企业家中的一种，乡村振兴工作的实施其实需要各行各业的企业家，他们能够全方位、多角度对乡村产业进行优化，提高产业的新颖度，并降低产业所面临的风险与挑战。农业发展的方针政策需要做出相应的调整，明确新型农业的重要地位，从根本上保证新型农业的竞争力与生产力。随着我国农村改革的不断深化、社会生产力的不断提高和分工分业的纵深发展，合理调整农村产业结构已成为关系到农村经济持续、稳定增长的重大问题，引起了人们的普遍关注和重视。农村一、二、三产业的不断融合，能够让单一的农业产业逐步转变为多元化的乡村产业，若想进一步推动转型后的农业发展，整合资源、开拓市场、提升优势都显得十分关键，因此，应充分发挥企业家在产业发展过程中的重要作用，让其成为发展中的核心力量。上文所提到的企业转型实质上也会给其他方面带来一定的影响，其中最明显的变化就是农民就业，为了迎合产业转型，企业家鼓励农民成为新一代的农业企业家，带动乡村经济发展。

产业转型并非一件容易的事，各大企业家、经营主体、服务主体、融合主体都要充当新型产业模范带头人的角色，在延伸产业链、提升价值链的过程中发挥重要作用。将经营主体划分为三个等级，最高等级被称为领军型经营主体，接下来是普通的经营主体，然后是普通的农民，这样划分的目的是增强各组织间的联系，更有利于实现辐射式产业发展的模式。只有将不同类型、不同规模、不同经营主体下的产业进行融合，才能真正实现乡村振兴。

第二，协调城乡关系，促进城乡融合。在实施乡村振兴工作之前，需要先确立乡村产业振兴的核心任务，然后围绕此任务开展一系列的推进工作，最终实现乡村振兴的宏伟目标。值得一提的是，乡村振兴的核心任务并不是只有一个，发展现代农业只是乡村振兴的核心任务之一。

纵观整个乡村产业的发展历程，绝大多数地区仍面临经济结构单一的问题，这种传统、单一的经济结构并不利于乡村企业的发展，解决此问题是当下的核心任务之一，乡村产业发展能够提高农民的收入，进而带动其他产业的发展，尤其是一些小型企业，不断丰富乡村企业的经济、文化内涵，让乡村企业逐步趋于多元化、专业化。乡村振兴应当引进大批的专业人才，提升乡村企业的吸引力，这里需要提到"双轮驱动"的概念，"双轮驱动"实质上是指推动乡村经济的多元化和综合化发展，两者是衡量乡村振兴工作实施情况的重要指标，也是振兴乡村的核心战略。实际上，农产品的安全性对发展现代农业具有重要意义，粮食安全是现代农业发展的基础，也是人们关注的重点，农业生产应当注重无机化，大力发展绿色的高效农业。

"双轮驱动"并不意味着只注重经济的多元化和综合化发展，还应当将产业进行融合，尤其是一、二、三产业的融合。农村的生产应当向专业化、高水平化靠拢，确立特色的发展道路，建立相对完善的乡村经济体系，加强城乡合作并缩小城乡差距，注重产业的布局，根据产品的类型、数量选择合适的配送点、销售点，拓宽产业的宣传渠道，进而实现资源的合理配置。

城市企业进农村也要有一定的限制，并不是全盘接受，不加区分地接受城市企业进农村不仅不会带动乡村产业的发展，可能还会带来集聚性经济效应，最终制约农村产业的发展。为了满足乡村振兴的发展要求，只有与农业完美融合的产业才能"下乡"，这样的企业才更具亲和性，才能够增加农民的收入，乡村振兴就是为了提高农民的经济水平，因此农民的利益应当始终被放在乡村振兴的首位。只有当企业满足乡村的发展需求，并且能够适应乡村的发展时，才能够实现产业的可持续发展。当然，如果能够实现城乡产业分散布局、协同发展，将更有利于推动乡村产业的发展。大力发展乡村旅游业也能够为农民带来一定的经济效益，他们可以向游客出售农产品，让游客亲自完成农产品的采集、加工，这些都是不错的营销手段。另外，乡村企业也面临发展不均衡的问题，这是因为不同地区由于地理位置、周围环境存在一定的差异，发展状况自然也就有所不同。

上文所提到的"双轮驱动"具体是指推动农业逐步实现多元化、综合化发展，但绝不意味着农业发展只需要满足此需求，还需要不断推进现代化、特色化、智能化发展。前者是宏观层面的推进，后者则是微观层面的推进，宏观调控与微观调控之间存在一定的制约关系，微观调控是宏观调控的基础，宏观调控自然也会影响微观调控的实施。进一步促进城乡产业融合就是让城市与农村的产业结构交叉布局，两者相互影响、相互促进，最终实现双赢。农村产业的生产效率和产品质量与大型企业仍存在较大的差距，因此乡村发展需要推动一些特色化产业发展，从而吸引大批的游客和企业投资，农村应凭借得天独厚的地理优势、文化优势、生态优势，大力发展生态旅游业，不断优化产业结构和经营模式。对一些发展相对落后的地区，以城带乡是一种不错的选择，社会也应当鼓励城市产业与乡村产业进行合作，尤其是乡村服务业，由于缺乏专业的培训，其与城市服务业水平相去甚远，这种产业就需要实现以城带乡。

我国乡村的资源配置情况、地区经济状况及农民的需求各不相同，随着我国工业化、农业现代化的不断推进，不同地区的经济差距逐渐变大。在这种背景下，实现乡村振兴一定要充分发挥所在地区的资源优势，调动当地人民的积极性，因地制宜地发展新型农业，让不同地区的发展实现融合，合理配置乡村资源，并优化乡村产业结构。

第三，建立乡村产业振兴的平台。平台和载体的建设主要是为了保证乡村振兴工作的顺利实施，我国虽然正在不断完善相应的扶持政策，但是国家对乡村产业振兴平台建设工作的重视程度还不够。常见的平台与载体主要有孵化园、农产品展销园、科技创意园、绿色生态保护区、现代农产品生产示范基地、特色化的产业园、田园小镇等，除此之外，众多的农业经营主体、农业创新创业孵化基地、农产品服务平台、农业研发基地等也属于支撑乡村产业振兴的载体和平台，这些平台已经成为乡村产业振兴的重要组成部分，是推动乡村产业发展的基础与核心。对现代农业而言，平台的发展逐渐向综合化、专业化方向迈进，一些平台已经实施全网检测，能够为用户提供更为优质的产业服务。由此看来，这些平台的建设工作能够极大地促进乡村产业发展，甚至已经成为乡村产业振兴过程中不可或缺的关键环节，也能够进一步拓宽市场、整合资源、实现农业的一体化发展。平台与载体的建设还能够引进更多的企业家和专业人才，为乡村发展注入新鲜血液，为乡村发展确立方向，整合市场资源，推动产业的综合化、多元化进程。

上述提到的一系列平台与载体为乡村产业发展奠定了坚实的基础，这些平台与载体为城乡合作、协同发展提供了可能，保证了乡村产业的生产水平和生产效率，这些平台与载体还将不同类型的组织联系在一起，有利于示范窗口、试点试验的建立，有利于深化体制改革。

# 第二节　乡村生态振兴的发展路径

## 一、推动农业绿色发展

在新时代，农业绿色发展的深入推进是指将绿色发展理念全面贯彻落到实处，不仅有利于提高农产品的质量，还有利于保障人民群众的食品安全。这是新时代中国农业发展的必然趋势，要为中国人提供更加安全、优质的农产品；这也是中华民族不断延续的重要因素，关系到每个中华儿女的健康。因此，对新时代农业绿色发展进行深入分析和研究，对乡村振兴战略的全面落实、中央农村工作会议精神的落实有重大的意义。

## （一）强化实现农业绿色发展战略的认识

随着信息技术的发展和农业绿色发展战略的实施，农业生产的各个环节发生了改变，从传统的生产方式转为绿色的、现代化的生产方式。目前，我国农业生产还存在安全优质农产品的供应、生产资源形势等方面的问题，保护水资源是保证农产品安全的核心因素，能够推动农业的现代化发展。换句话说，中华民族能否持续、健康发展，农产品的质量和安全性的高低，都与水资源息息相关。可见，保护水资源在农业生产、国家和社会的发展中具有重要作用。就目前来说，人们对农业绿色发展的重要作用和战略意义还缺乏一定认识，所以必须加强学习，深入了解和认识农业绿色发展在国家和社会发展中的战略性作用和地位，只有在思想上重视，才能在行动中落实。

## （二）完善环保制度，严格环保执法

近几年，随着人们的环保意识不断提高，国家越来越重视环境保护工作，促进了环保法律法规的建立和完善。2016 年，环境保护部发布了工业污染源全面达标排放的计划，要求优先在产生、排出污染物比较多、已经有排污许可证、有污染物排放标准的行业推行，让这些重点行业、企业带动一般的行业、企业，从而让工业污染源尽快实现全面达标排放。尽管如此，在达标的大环境下，土壤环境和水环境仍然有被污染的危险。这是因为工业企业产生的污染物在富集效应下污染浓度不断提高，达到了一定的数值就会对土壤环境和水环境造成破坏，导致土壤和水质量下降，从而对农业的绿色发展产生不利影响。为了从源头上保护环境，实现农业绿色发展，必须规范工业企业的排污行为，建立和完善引导、激励制度，而不仅是限制排放的制度，换言之就是不仅要实现达标排放，还必须用总量控制数据进行规范。同时，要加强对环保的监管执法力度，严厉惩罚违反环保法律法规的行为，不能对所有违法企业实施同样的处罚标准，要根据企业的污染程度实施不同的处罚标准。除此之外，还要建立起督察的长效机制，以中央环保督察为抓手，狠抓问题整改，督促政府加强对企业的巡查和督导，不断减少甚至杜绝企业破坏生态环境的违法违规行为。

## （三）保证耕地数量稳定与质量提升

农产品的数量与耕地的数量密切相关，要想提高农产品的品质和安全性，从根本上说，必须加强对耕地的保护，提高耕地质量。因此，加强对耕地资源的数量和质量的保护是增加农产品数量和提高其质量的关键。

### 1. 以最严格的保护制度，实现耕地资源数量稳定

城镇化和工业化的进程越来越快，使耕地被占用的数量越来越多，而且在短时间内很难改变这种现状。我国严守 18 亿亩耕地红线，这是不允许被侵占使用的，保障国家粮食安全的根本要素是保证耕地数量的稳定。因此，要始终严格坚守耕地保护的规章制度，通过划定永久性基本农田，保障耕地占用和补充之间的平衡，让耕地的总体数量在变动中保持平衡。党的十九大报告要求对永久基本农田、城镇开发边界和生态保护红线三条控制线进行划定，这是保障耕地数量的重要且有效的举措。

### 2. 建立中央耕地督察机制，解决违规问题

中央环保督察是对生态环境进行督察，已经取得一定成效，在保护耕地方面也可以借鉴督察的机制，对保护耕地的工作进行专项督察，特别是建立和完善中央对耕地保护的督察制度。其主要包括以下四方面：一是通过公开督察信息，让大众参与督察耕地保护；二是对国家粮食的安全和品质来说，耕地资源十分重要，因此要划分出重点督察的地区；三是通过成立中共中央纪律检查委员会耕地保护督察委员会等机构，让自然资源部负责牵头，中共中央纪律检查委员会和中共中央组织部参与，对相关省市、地区的耕地保护工作进行督察；四是建立和完善耕地保护督察工作的长效机制，不断提高国家耕地保护工作的决策水平，切实解决其中存在的问题。

## 二、加强农村人居环境建设

农村经济的发展速度、居民的身心健康状况都与农村人居环境密切相

关，改善农村人居环境是社会主义新农村建设的重要内容，对城乡一体化发展产生了一定影响。这部分内容将从建设美丽乡村的角度出发，对建设农村人居环境的现实情况和过去所做的工作，以及目前存在的问题进行深入剖析，从而推动农村人居环境改善。

## （一）优先开展科学规划工作

农村人居环境的建设和改善面临很多困难，主要是因为农村的规划缺少秩序，没有科学的理论指导实践活动，有些政府开展相关工作时比较盲目，因此科学规划农村人居环境是当下急需解决的问题，这也将为各地建设农村人居环境提供一些建议和帮助。

一是对农村已有的传统文化进行保护，形成农村的特色。农村之间文化的不同有利于农村形成特色，如现在常说的旅游村、古村落和历史村，合理利用这些差异，发展文化特色、旅游资源和民族资源，可以为村民建设良好的人居环境。

二是科学规划、合理建设农村。改革开放以来，我国的经济中心从农村转移到城市，城市人居环境建设起步早于农村，农村人居环境建设的过程相对比较缓慢。因此，要将理论与实践结合起来，将对农村人居环境建设的研究和农村的实际状况结合起来，这样才能制定出科学的规划，合理对农村人居环境进行建设。

三是对农村的生态环境进行保护，对绿水青山进行修复。目前，农村的人居环境建设存在生态环境破坏的问题，这是经济迅速发展的结果。而且，生态环境的好坏对农村人居环境的建设、居民的身心都会产生影响，所以先发展后治理的道路完全行不通，要积极树立保护生态环境的观念，坚持综合治理、预防为主、防治结合的原则，还农村一片绿水青山。

四是因地制宜，有序推进。我国幅员辽阔，拥有许多人口、多样化的民族和多元的文化，因此不同民族、不同区域、不同文化之间有很大的差异，甚至不同省、不同市、不同县、不同乡镇之间也存在很大差别，导致对农村人居环境建设的需求各不相同。因此，要根据不同民族、不同文化、不同地区的不同需求做出合理、科学的规划，不能"一刀切"，不能用一套方案解决所有问题，同时还要分清重点，按一定顺序进行推进。

## （二）规范农村区域投资方式

近年来，国家越来越重视农村的发展，特别关注"三农"问题的解决，这对生态宜居美丽乡村建设、城乡一体化发展、农村人居环境改善起到了积极推动作用。农村经济发展的快慢与投资农村的方式有很大关系，要对投资农村的方式进行科学合理的规划。目前，投资农村的方式主要有两种，分别是外来投资和自身投资。对于外来投资，农村要严格筛选投资方式，将一些破坏生态环境的高污染、高耗能企业和产业拒之门外。生态环境的破坏会对农村人居环境的建设产生不良影响，当地村民可以借助国家和政府的力量，谨慎评估外来投资方式，积极和高效率、高质量的企业或产业合作，真正实现农村经济的良性、迅速发展。自身投资是指农村经济自身的发展，这就需要国家和当地政府对农村经济的发展进行扶持和指导，特别是要多支持和帮助乡镇企业发展，同时还要在农村培养出一批高素质和高水平的技术人员，将更多机械化和现代化的技术与设备用在生产中，进一步提高粮食产量。农村人居环境的建设进程与投资的金额大小和利用率高低有一定关系，好的经济条件是农村人居环境建设和改善的基础，农村要寻求回报率高的投资来促进当地经济的发展，只有这样，才能切实保障建设良好的农村人居环境。

## （三）增强农村居民主体性建设

农村人居环境建设的主体是农村居民，这关系到农村人居环境建设的进程和好坏，因此要重视农村居民的需求，在建设过程中强化他们的主体地位。其主要包括两个方面：一是不断提高农村居民的文化水平，国家要重视农村地区的教育问题，加大财政投入和宣传力度，让农村居民意识到教育的重要性，提高一代又一代农村居民的文化水平，将劳动力转化为人力资源；二是建设和完善农村的基础设施，这是农村人居环境建设的基础，需要国家加大财政投入和制定相关政策，通过公共服务和公共产品，帮助农村完善硬件基础设施，特别是要加强农村教育、保险、医疗、卫生、就业和社会综合治理等方面的扶持力度，以改善民生为抓手，切实改善农村人居环境。

# 第三节　乡村文化振兴的实施

## 一、提升文化自信与文化自觉

振兴乡村文化首先需要提升文化自信与文化自觉，从中华文明发展史的视角认识、重构当前的乡村文化。中华文明根植于农耕文明，中华传统文化的主体扎根于乡村。从各具特色的宅院村落到巧夺天工的农业景观，从乡土气息的节庆活动到丰富多彩的民间艺术，从耕读传家、父慈子孝的祖传家训到邻里守望、诚信重礼的乡风民俗等，都是中华文化的鲜明标签，都承载着华夏文明生生不息的基因密码，彰显着中华民族的思想智慧和精神追求。因此，振兴乡村文化必须发掘和总结历史资源，重新审视乡村文化。在全面建设社会主义现代化国家进程中，必须统筹城乡，注重协调发展。农村与城市有空间上的差异，农民与市民有职业上的区别，农业与工业有产业上的不同。在乡村振兴中，如何让乡土文化回归并为乡村振兴提供动力、如何让农耕文化的优秀精华成为建构农村文明的底色，是摆在我们面前具有重要现实意义和深远历史意义的时代课题。中华优秀传统文化是我们的根和魂，要重视原有的乡土文化，实现农村生活文化的保护与自我更新，将其和现代文化要素结合起来，赋予新的时代内涵，让其在新时代展现魅力和风采，凸显农村文化建设的价值与意义，与城市文化相映生辉。

## 二、培养乡土文化人才

农村是文化资源的宝库，需要深入挖掘、继承、提升优秀传统乡土文化。要留住具有农耕特质、民族特色、地域特点的乡村物质文化遗产，应加大对古镇、古村落、古建筑、民族村寨、家族宗祠、文物古迹、革命遗址、农业遗迹、灌溉工程遗产等的保护力度。

惠及乡民需要文化人才。要解决乡村文化建设人才短缺问题，需要大力培育、挖掘乡村文化建设的主体。

第一，鼓励大学生村官、"第一书记"等驻村干部参与文化建设。国家有关部门应在文化支农渠道搭建、内容引导、统筹组织方面给予引导和帮助，以便他们更好地开展、协调农村文化活动。

第二，有计划地培养当地的"草根文化队伍"，为农村文化事业发展注入新鲜血液。乡村文化建设绝非简单的输入，需要在田野上、村庄中找回文化发展的内生动力，这就要充分发挥广大农民作为文化建设者的主体作用，焕发文化建设的热情，在文化建设中增强文化认同感。体量庞大的支农资源的输入，基础设施建设与农业新业态产业的发展，吸引大学生与外出经商、务工的青壮年农民返乡创业。鼓励、激发和引导广大农民从各自实际与兴趣出发，自觉自愿地成为本地特色乡土文化的创造者、传承者、爱好者、拥护者、经营者、管理者、传播者，探索地方文化人才培养的新模式，与高等院校、文化企业合作，定向培养地方文化急缺人才。文化传承与创新是教育的一项重要职能，应将"非遗"教育纳入所在地学校教学体系，融入学生的兴趣活动，有计划地系统宣传和普及，探寻有效传承之道，培育文化遗产传承的土壤与人才。

第三，借助社会力量，不仅让他们送文化，还让其"种文化"。鼓励文艺工作者深入农村、贴近农民，推出具有浓郁乡村特色、充满正能量、深受农民欢迎的文艺作品；通过政策引导以企业参与、对口帮扶、社会合作的形式，让企业家、文化工作者、科普工作者、退休人员、文化志愿者等投身乡村文化建设，形成可持续的农村文化建设力量。

第三章
# 土地利用规划与分区

多年来，社会经济及科学技术得到了飞速的发展，同时城市化、工业化进程日益加快，城镇扩张和乡村缩紧的城乡不平衡发展、现代高效农业和传统精细农业的结构转型提升不充分、农业劳动力的单向非均衡流动等问题削弱了乡村发展的活力。在乡村振兴战略的新时代背景下，更加需要对土地资源进行合理及科学的利用，这就需要相关的管理人士进一步地强化对土地的合理开发，科学编制村级土地利用规划更是乡村振兴实现路径的关键起点。在村级土地利用规划编制前，先了解一下土地利用规划的相关内容，本章将从土地与土地利用概述，土地利用规划原理、结构与布局，土地节约集约利用与分区方面进行阐述。

## 第一节　土地与土地利用概述

### 一、土地

土地是人类生产和生活中不可或缺的资源，也是一种最基本的生产资料，土地作为人类赖以生存和发展的物质基础，在人类的生存过程中扮演重要的角色。近年来，随着我国科学技术的不断发展及人口的迅猛增长，在城市化快速发展过程中，土地的利用类型、土地的利用结构都在发生改变。当前，城镇建设用地面积迅速增加，土地利用的粗放现象较严重，集约程度低，区域土地的利用结构不合理，人与土地之间的矛盾加剧，严重制约着经济社会的发展。另外，土地资源的供给稀缺性与用地需求日益增长之间的矛盾不断显现，土地利用结构严重失衡，土地利用效率偏低，生态环境遭遇严重破坏，土地利用节约集约化没能与城镇化同步发展。在国家土地宏观政策调控下，为满足现实需要，研究土地利用规划及其优化策略，实现有限的土地资源在国民经济各部门、各产业、各区域之间的优化配置，促进土地资源节约集约利用，解决土地资源的可持续利用问题具有一定的现实意义。因此，规范土地利用结构，合理利用土地，促进土地的节约集约利用与生态文明建设共同发展，切实保护耕地，保护我们国家的粮食安全，科学合理地调控土地利用具有非常重要的意义，同时也更有助于促进人地关系和谐发展，以及经济社会与生态环境的共同发展。

## （一）土地的功能

人类的一切活动都离不开土地，在生产生活过程中应最先了解土地的功能和特性，以便在利用及规划中因地制宜，提高利用效率，保护好人类赖以生存的重要资源。土地表现出的功能主要有以下五方面。

**1. 养育功能**

土地具有肥力，使农作物不断地从土地中吸收生长所需要的养分、水分、空气和热量，生产出人类赖以生存的物质资料，从而为众多生命提供生活源泉，一切具有生命的动植物和人类都需要依赖土地这个最重要的资源。因此，土地对大多数生物体来说是一种十分重要的资源。土地作为一种生产资料，在农业生产中具有不可替代性。农业是人类的第一产业，依赖土地发展的农业永远是人类生存的物质基础。

**2. 承载功能**

土地的承载功能是指土地为人类和众多生物的载体，是生命生存的基础。例如，人类利用土地构建非农业的一切建筑物，人们的居住、交通、水利、工业、休闲娱乐等活动均离不开土地。

**3. 仓储功能**

土地是由多种物质和多次地质运动形成的，土地中蕴藏的众多能被人类所利用的物质形成矿产资源，如诸多的金属（铁、铜、金、铝等）、非金属（煤炭、石油、天然气等）矿产资源。土地像一个大仓库，向人类提供生产、生活所必需的各种物质。土地是有限的,众多的矿产资源也是有限的。资源的有限性告诉人们必须珍惜自然资源。

**4. 景观功能**

土地由众多的自然物质构成,承载了众多的生命体。自然万物造就了大自然的奇、秀、险、美等自然文化景观,加上人类的加工,形成了自然风景名胜场所,为人类的休闲与观赏提供了物质基础。土地的景观功能是人类精神需求的重要组成部分。

**5. 资产功能**

由于土地空间的有限性、位置的固定性、生产资料的属性,因此土地经营具有垄断性。土地拥有者可以在土地上收取地租,获得利益,使土地具有很强的资产性能。人类社会的发展历史就是围绕土地所有权争夺的历史,也是人类战争的主要原因之一。人类对土地的利用过程受利益驱使,是为获取利益占用和改变土地利用方式的过程。

## (二) 土地的特性

**1. 土地的有限性**

土地的定义说明其空间范围是地球表面的陆地部分,空间是既不可能被毁灭也不可能被创造的。受空间范围的限制,土地面积(数量)是十分有限的。因此,无论是作为一种资源,还是作为一种资产,土地都是人类必须珍惜的。

**2. 土地的永久性**

土地作为一种生产资料,在合理利用的情况下,能成为可持续利用的永久性生产资料。然而其他生产资料在使用中会逐渐陈旧、磨损,直至报废。这说明人类在使用土地时,要充分利用土地的可持续性,合理使用土地。

**3. 土地位置的固定性**

相对于土地,许多生产资料是可移动的,而土地的位置是固定的,其存在空间不能搬动和置换。尽管不同区位的土地有不同的特点、不同的产出效益,但人不能搬动任何一块土地,只能因地制宜地利用土地。

# 二、土地利用

## （一）土地利用的特征

我国是一个土地资源大国，也是一个人均土地资源较少的国家。土地资源不足，后备资源匮乏，人均土地、耕地、林地、牧草地都低于世界平均水平。这种人地之间尖锐的矛盾导致我国土地的稀缺性和紧要性，所以"十分珍惜、合理利用土地和切实保护耕地"是我国的基本国策。

**1. 土地利用空间差异显著，物产种类丰富多样**

我国南起曾母暗沙，北到黑龙江的漠河，纵跨约 49 个纬度；西起帕米尔高原，东到乌苏里江与黑龙江交汇处，横跨约 62 个经度。由南到北，分布着热带、亚热带、暖温带、温带和寒温带；从东到西有湿润、半湿润、半湿润半干燥、半干燥、干燥气候；光、热、水、土等因素构成复杂多样的土地利用条件，形成区域空间差异显著的自然环境，也造就了丰富的物产资源，为人类的生存、发展提供了多种物资需求。

**2. 地貌类型复杂多样，土地利用类型种类繁多，具有众多名优特产和丰富的旅游资源**

我国地貌类型齐全，产生了土地利用的多种方式。不同的地区有不同的特产，许多物种为世界罕见品种，成为名优特产，也是对人类做出的一种贡献。繁多的地貌类型构成许多名山大川，惊、险、奇、秀的自然景观给人类带来丰富的自然遗产，成为世人休闲观赏的特有景观。诸多著名的自然风景名胜区、自然保护区、人文风景名胜区，成为我国丰富的旅游资源，对我国吸引众多的国际游客具有重要作用。

**3. 土地开发的历史悠久，以较少的土地养活众多的人口**

我国是世界文明古国之一。早期的土地开发和利用为人类社会的发展做出了突出贡献，成为人类社会发展的先驱者，创造了悠久的文化和文明史，为世界人民所公认。发展到现代社会，我国用占世界 7% 的耕地，养活了占世界 22% 的人口，也为人类社会的延续做出了应有的贡献。尤其是改革开放以来，我国国民经济与社会的快速发展，人民生活水平的快速提高，为人类的发展做出了更大的贡献。

## （二）土地利用的分类

### 1. 土地利用的分类原则

第一，自然发生学原则。土地是一个由多种因素、因子组成的自然综合体，反映在地球表面的空间上。在土地的形成过程中，人为作用表现为人对土地的利用并根据利用的需要对土地进行分类。分类就是在土地利用的空间上划分出若干个不同的单元。分类要从土地自然形成原因和自然属性角度分析，也就是土地自然发生学原则。土地的形成是多种因素共同作用的结果，由于因素空间分布的差异性，表现为土地利用的差异性，因而形成不同的类型。诸多因素在空间上的不同组合构成了不同的类型。土地的自然发生学原则，是土地分类的基本依据。

第二，综合性原则。土地是由诸多自然因素组成和人为作用形成的综合体，所有的因素、因子相互联系、相互作用、相互制约，在相同因素、因子和相同的条件下形成的土地具有很大的相似性。实际上找不到完全一样的两块土地，这说明因素、因子在空间分布上具有差异性。因素、因子在空间分布上的差异性带来了土地的差异性。依据土地的相似性和差异性，可将土地划分为不同类型。土地的差异性是土地分类的主要依据。对于土地的相似性和差异性的分析没有固定的标准，因此判断土地的相似性和差异性必须对影响土地的众多因素、因子进行综合分析，坚持综合性原则。

第三，主导因素原则。由于组成土地的因素、因子众多，而因素、因子存在空间的差异性，因此众多因素、因子所起的作用是不均衡的。由于因素、因子组合也有很大的差异，因此土地性能具有复杂性，给土地分类带来了很大的困难。因此，在研究土地分类时，要找出对土地性能产生影响的主导因素。坚持以主导因素原则进行土地分类，增强土地分类的可操作性。

第四，实用性原则。土地分类主要是为土地利用服务的。土地利用是指人类有目的地对土地进行干预。由于不同的目的有不同的分类标准，因此形成不同的分类体系。这就逻辑地说明了土地分类要坚持实用性原则。

**2. 土地利用的分类依据**

土地分类是为土地利用服务的，土地利用是有目的的，根据不同的目的有不同的分类标准。土地利用存在空间上的差异，在不同的空间范围内土地分类的详细程度也不尽相同。土地具有自然资源、资产两种属性，根据不同的属性也可进行不同的分类。总之，土地的分类是根据不同的需要进行不同的类别划分。

# 第二节　土地利用规划原理、结构与布局

## 一、土地利用规划原理

### （一）土地利用规划的基本性质

#### 1. 系统性

土地利用规划是一个系统工程，编制的所有土地利用规划都要对这个大系统进行综合分析，要依据当地的自然、经济、社会三个子系统所包含的诸多因素、因子进行全面分析研究，诸多的因素、因子相互联系、相互作用、相互制约，在不同程度上影响和制约着土地利用。只有在全面分析和研究的基础上才可能找出土地利用的规律和问题，也才能做出合理、科学的土地利用规划。在这个大系统中，从纵向上分析，包括系统调查、系统分析、系统研究、系统综合、系统控制等步骤；从横向上分析，包括规划的理论支持系统、规划的决策系统和规划的执行系统全过程。土地利用规划决策是综合的系统决策，应遵循多方案比较、坚持好中选优的原则。土地利用规划的方法也是系统的方法，有常规的公众参与法、综合平衡法等，还有具有先进技术的模型法。总之，土地利用规划表现出了明显的系统性。

### 2. 协调性

土地利用规划是对土地利用约束性、控制性的决策。土地利用是有效益的，在决策中往往为了整体的利益、长远的利益，影响到局部的利益、暂时的利益，土地利用规划就是要协调各种利益。我国土地所有制为社会主义土地公有制，有全民所有制和劳动群众集体所有制两种形式。相应的土地使用制度也就存在区别。在土地利用规划中往往会因为调整土地使用权带来某一方面的利益损失，土地利用规划要充分协调各方面的利益。我国在土地利用中部门用地、部门需求与土地供给能力之间存在矛盾，土地利用规划就是要协调各部门之间用地的矛盾。诸如此类的问题还有许多，这些问题在编制规划中必须反复地进行协调，通过协调能够相对满意地解决问题，这充分表现出土地利用规划的协调性。

### 3. 控制性

所有土地利用规划的目的都是控制土地利用。土地利用规划的内容：一是从数量与结构上进行调整，二是从空间和布局上进行调整。调整的结果就是按照规划来控制利用有限的土地资源，规划的作用就是指明具体地块的具体用途和管制措施。管制措施具体说明这块土地能干什么、不能干什么，内容十分明确。土地利用规划的控制性表现出土地利用规划的科学性和可操作性。

### 4. 综合性

土地利用总体规划是对所有的土地、土地利用的所有措施进行规划，所以土地利用规划是综合性的规划。此外，土地利用规划的目标也是综合性的，它不仅注重土地的经济效益，而且注重土地的生态效益和社会效益，其最终目标是实现三大效益的最佳组合。土地利用规划的方法也是综合性的，诸多层次的规划、各种不同尺度空间的规划所采用的方法均是综合平衡的方法，所有的土地利用规划实施的措施都是综合性的。土地规划的内容、目标、方法和措施的综合性充分说明了土地利用规划是一个综合性的规划。

### 5. 实施性

土地利用规划的另一个性质是规划的实施性。土地利用规划是落实国民经济与社会发展规划的一种措施，是从空间上具体落实该措施的布局规划，因此土地利用规划具有很强的实施性和可操作性。土地利用规划的内容一经批准，便要实施，低层次的、专项规划、规划设计项目实施起来涉及具体的人和具体的事物，建立土地用途管制的具体办法具有明显的实际操作性，土地利用规划的实施性是检验规划编制成功与否的主要标准。土地利用规划的实施性强化了规划的权威性，土地利用规划的实施要针对土地利用规划的内容制定土地利用规划实施方案，拟定土地利用规划实施的具体办法，建立土地利用规划动态监测制度，为土地利用规划的调整和修编提供依据。这些均说明了土地利用规划的实施性。

## （二）土地利用规划的重要理念

土地利用规划是一个复杂的大系统，规划的层次、空间的大小、内容的侧重点都不同，但各层次规划的基本指导思想一脉相承，有着共同的理念。土地利用总体规划、土地利用专项规划和土地规划设计的内容侧重点是有区别的，但所坚持的理念基本是一致的，可分为宏观理念和技术理念。

**1. 宏观理念**

（1）保护耕地的理念。根据我国的国情，国家制定了"十分珍惜、合理利用土地和切实保护耕地"的基本国策，这给土地利用提出了具体的目标和任务，也是编制所有土地利用规划的基本指导思想，一切土地利用规划都必须坚持贯彻这一基本国策。坚持保护耕地是所有土地利用规划的基本理念，也是所有土地利用规划的基本任务和目标。

（2）合理利用土地的理念。所谓合理利用土地，是指在编制所有土地利用规划时，要从源头上把好合理利用土地的关口。自原国家土地管理局成立以来，我国建立了一系列土地管理制度，对各类用地制定了一系列的规程和标准，这为编制规划提供了标尺和准绳。因此，编制土地利用规划要严格按照相关制度和标准进行，做到依据充分、合理，使规划落实在合理用地的起点上，为土地利用规划的实施奠定坚实基础。

（3）集约用地的理念。集约用地是由人类社会发展和我国实际情况决定的。我国土地利用的历史源远流长，中华人民共和国成立后土地由国家划拨，对土地的珍惜程度存在差距。因此，在编制土地利用规划时坚持集约用地的理念也是土地利用规划的一个重要任务。

（4）保障需求的理念。土地利用规划编制的主要目的是保障国民经济稳定、快速发展的需要。土地是国民经济发展的重要物质基础，土地资源是实现国民经济建设目标的重要支撑点。土地利用是国民经济建设布局的具体体现，土地利用规划就是要按照国民经济发展的需要进行部署和安排。因此，土地利用规划要坚持服务于国民经济建设的理念，起到保驾护航的作用。

（5）可持续发展的理念。土地作为一种特殊的生产资料，具有可持续利用的特性，但由于人们利用不当，造成了土地退化，甚至丧失了生产能力。因此，在编制土地利用规划时要从保护土地利用的观念出发，注意土地生态环境的建设，有意识地保护土地，坚持可持续发展的理念。

**2. 技术理念**

（1）问题的理念。规划是针对问题而言的，没有问题就不需要编制规划。编制土地利用规划的目的就是要解决土地利用中存在的问题，因此编制土地利用规划要有明确的任务，找准、找好土地利用中的问题是编制好土地利用规划的关键性工作。编制任何层次、任何区域的土地利用规划，都必须因地制宜地找出土地利用中存在的问题。瞄准问题编制土地利用规划，是编制规划的基本任务和目标。

（2）综合协调的理念。土地利用规划的性质说明土地利用规划是综合性、协调性的规划。编制土地利用规划最常用的方法就是综合协调的方法，综合协调的理念应运用在土地利用规划的内容、方法、程序的各个环节。因此，坚持综合协调是编制土地利用规划最基本的理念，也是最基本的技术方法。

（3）两个市场的理念。所谓两个市场的理念，是指编制土地利用规划时要充分关注国内、国外两个市场的发展状况。随着我国社会主义市场经济体制的日益完善，市场经济的快速发展，国际市场为经济发展和商品销售提供了更大空间，经济发展的变化给编制土地利用规划提出了更多的新的课题，增加了不确定因素与难度。因此，编制土地利用规划时一定要加大对两个市场的分析与预测，以两个市场需求为依据，合理布局生产力和各项用地。

（4）实用性的理念。编制土地利用规划的目的在于应用，规划实施的状况是检验一个规划好与坏的基本标准。要实现规划的实施：首先，规划要有针对性，要准确找出规划区域内土地利用问题；其次，规划要有可操作性，只有对规划的对象有了深刻了解，才能编制出具有可操作性的规划；最后，规划要达到实用性的目的还需要进行大量的协调工作。这些方面都要求做大量的调查，这样才能达到目的。所以，编制土地利用规划时要坚持实用性的理念。

## （三）土地利用规划的原则与依据

### 1. 土地利用规划的原则

（1）合理用地的原则。在编制土地利用规划时要坚持合理用地的基本原则。所谓合理用地就是根据土地利用的规律，土地利用的相关法律、法规、制度和各种用地标准规程，土地资源供给的实际情况，各部门用地的实际需求，对各种用地做出具体安排。合理安排用地将会产生积极的效应，能促进国民经济与社会发展；反之，不合理地用地将会产生诸多副作用，从而制约国民经济与社会的发展。

（2）集约用地的原则。我国人均土地资源，尤其是人均耕地资源，远远低于世界平均数，土地资源的相对紧张状况是形成我国必须坚持集约用地、节约用地原则的重要原因。所谓集约用地、节约用地，就是认真贯彻执行土地利用的基本国策，执行世界上严格的耕地保护制度，严格执行各类用地的标准，严格执行土地利用规划制度和土地利用管理制度，对浪费土地和违法占地的现象予以严处。在土地利用规划中要通过规划制定出集约用地、节约用地的具体措施和办法，以达到实现集约用地、节约用地的目标。

（3）综合效益的原则。编制土地利用规划的主要的目的是实现对土地的充分、合理、科学有效利用，使有限的土地资源产生最大效益。土地利用的最大效益并不是追求某一方面的效益最大化，而是取得经济效益、社会效益、生态效益的最佳组合，也就是综合效益。所以，综合效益的原则是编制土地利用规划的最主要目标和基本原则。

（4）统筹兼顾的原则。统筹兼顾的方法是建设和谐社会的基本方法。土地利用规划是国民经济与社会发展的重要支撑体系，土地利用规划涉及国家、集体、个人方面的利益，因此在编制土地利用规划时坚持统筹兼顾的方法是最基本的方法。编制土地利用规划是协调各部门、各层次土地使用权的过程，没有统筹兼顾的指导思想和具体方法，就达不到规划想要实现的目标。因此，在编制土地利用规划时，必须坚持统筹兼顾的原则。

（5）因地制宜的原则。因地制宜的原则是由土地的基本特性决定的。土地是由诸多因素、因子所组成的自然综合体，诸多的因素、因子在空间上的排列与组合是十分复杂的，所以说在地球上找不到完全相同的两块土地。土地空间分布的复杂性反映了土地利用的多样性。土地在空间上分布的复杂性告诉我们，在研究土地利用时，要充分研究各地区土地的特性，根据土地的特性安排土地的利用方式，这就要求我们做到因地制宜。所以，编制土地利用规划要坚持因地制宜的原则。

**2. 土地利用规划的依据**

土地利用规划是一项社会管理决策，是协调各部门用地的政府行为，是组织、合理调配土地资源的系统工程，是利用未来土地资源的长远措施，是土地利用管理的依据。因此，编制土地利用规划要有充分的依据。

（1）法律法规依据。土地利用规划涉及人类社会的诸多行业、部门及每个人，因此土地利用规划必须遵照相关法律法规进行，涉及的主要法律法规有国家的宪法、刑法、土地管理法、城市规划法、环境保护法、农业法、森林法、草原法、渔业法、矿产资源法、交通安全法、水利法和水土保持法等，还有一些相关的条例，如基本农田保护条例、土地复垦条例，以及地方围绕这些法律法规配套的地方法规条例。这些法律法规及条例对土地利用都有一些相关的规定与要求。编制土地利用规划时必须以它们为依据，制定规划的相关条款，使土地利用规划具有明显的法规性。

（2）制度、规程、标准依据。我国根据国情制定了许多土地利用制度，如土地所有制、土地使用制度、耕地保护制度、地籍管理制度、土地调查制度、土地用途管制制度、土地市场动态监测制度和土地利用规划审批制度等；规程有土地利用现状调查技术规程、县级土地利用总体规划编制规程和土地开发整理规划编制规程等；标准有城市用地分类标准、农村建设用地标准、工业用地标准、交通运输用地标准和水利水电工程建设用地标准等。这些制度、规程、标准都对土地的利用做出了具体的规定与要求，也是编制土地利用规划的重要依据。

（3）规划依据。在现代社会管理中，各级政府、各部门编制多种规划，其中许多规划与土地利用规划关系极为密切，内容相互衔接，是土地利用规划的重要依据和参考内容。这些相关规划包括国民经济与社会发展规划、国土空间规划、区域经济发展规划、城市总体规划、城镇体系规划、村镇规划、农业绿色发展规划、林业发展规划、畜牧业发展规划、交通规划、水利规划、人口发展规划、基本农田保护规划、工业发展规划和乡镇企业发展规划等，一系列的各层次的规划都与土地利用规划有关，在编制土地利用规划时必须作为依据和参考。

（4）区域条件的依据。所谓区域条件的依据是指编制土地利用规划时要对所编制区域的自然、经济、社会条件进行分析研究。区域是空间的划分，不同的空间，土地利用的自然、经济、社会条件有明显的差异性。也就是说，区域空间的差异导致土地利用的基础条件不同。因此，在编制土地利用规划时要因地制宜地进行分析研究，根据当地自然、经济、社会条件编制规划，只有这样才能做到有的放矢，编制的规划才有针对性，才能满足区域经济与社会发展的需要。

## （四）土地利用规划体系与模式

### 1. 土地利用规划体系

所谓体系，是指一个有规律的相互依赖或相互作用的诸多因素、因子组成的综合体或集合体，一种由事物的相互联系所形成的自然结合或组织，一个具有生命的有机整体。土地利用规划是一个整体性、综合性很强的规划，其内容具有很强的广泛性。从土地利用规划的内容可以看出，土地利用规划是一个复杂的系统工程。土地利用规划的内容是由若干相关事物相互联系、相互制约构成的一个整体。土地利用规划构成了一个完整的体系，这个体系具有明显的层次性和复杂性。土地利用规划是完整的规划体系，其具体分类如下：

（1）按空间层次划分。我国一般按行政区划单位将土地利用规划分为国家、省（市、区）、市（地、州、盟）、县（市、旗）、乡（镇）五级土地利用规划，由于规划范围不同，土地利用总体规划的内容有所差异，如表

3-1 所示。除了在制定集约利用标准、近期规划、规划环境影响评价上，宏观土地利用总体规划和中观土地利用总体规划存在差异，其他如土地供需预测、确定目标任务、土地利用规模与结构调整、各类用地控制指标、土地用途分区、重大项目用地布局、生态建设和环境保护用地、土地整理复垦开发计划、规划实施保障措施等均是各级土地利用总体规划的内容。村级土地利用规划作为最基层、最基础的规划，是土地利用总体规划的组成部分，也是落实土地用途管制制度的基本依据。村级土地利用规划以乡（镇）土地利用总体规划为依据，在村域空间内统筹安排农村生产、生活、生态空间，属于翔实型规划和实施型规划。

表 3-1　各级土地利用规划的主要内容对比

| 主要内容 | 国家级 | 省(市、区)级 | 市(地、州、盟)级 | 县(市、旗)级 | 乡(镇)级 |
|---|---|---|---|---|---|
| 现状及形势分析 | V | V | V | V | V |
| 土地供需预测 | V | V | V | V | V |
| 确定目标任务 | V | V | V | V | V |
| 制定集约利用标准 | V | V | — | — | — |
| 土地利用规模与结构调整 | V | V | V | V | V |
| 各类用地控制指标 | — | V | V | V | V |
| 土地用途分区 | — | V | V | V | V |
| 重大项目用地布局 | V | V | V | V | V |
| 生态建设和环境保护用地 | V | V | V | V | V |
| 土地整理复垦开发计划 | V | V | V | V | V |
| 近期规划 | — | — | V | V | V |
| 规划环境影响评价 | V | V | V | V | — |
| 规划实施保障措施 | V | V | V | V | V |

注：V 表示规划包含的内容；"—"表示不包括的内容。

（2）按土地利用规划的功能划分。按土地利用规划的功能划分，土地利用规划可分为土地利用总体规划、土地利用专项规划和土地利用规划设计。土地利用总体规划、土地利用专项规划都是区域整体性规划。土地利用规划设计是土地利用专项规划中确定的具体规划项目的规划设计。土地利用专项规划依据土地利用总体规划编制，土地利用规划设计依据土地利用专项规划编制。三者层次分明，属于递进的关系，分层次、分步骤逐步将规划的内容具体落实到田块，达到规划实施的目的。

（3）按土地利用规划的时间划分。按时间层次划分，土地利用规划可分为长期规划、中期规划和短期规划安排。土地利用总体规划、土地利用专项规划均属于长期规划，规划期限一般为 10～20 年。长期规划可分为近期规划(一般为 3～5 年)和远期规划。一般土地利用规划设计为短期规划，其年限为 1～3 年。土地利用计划为年度计划，年度计划是根据近期规划编制 1 年的用地计划。土地利用总体规划为长期规划，在长期规划中编制近期规划，根据近期规划编制年度用地计划。土地利用总体规划、土地利用专项规划的期限一般同国民经济与社会发展规划是同步的，这也说明了土地利用总体规划、土地利用专项规划与国民经济与社会发展规划的关系。

（4）土地利用专项规划的分类。土地利用专项规划分为专项用地规划和专项措施规划。专项用地规划可分为农用地规划，包括耕地、园地、林地、牧草地、水产用地等规划；建设用地规划，包括城镇发展总体规划、村庄规划、工矿用地规划、交通用地规划、水利建设用地规划等。一般专项用地的规划应由土地利用总体规划划定用地范围，确定用地规模和界限，单项用地圈定的范围应由所属部门内部再作详细规划。专项措施的专项规划要依据土地利用总体规划把这些措施分解落实到具体项目，为土地利用规划设计奠定基础。

（5）土地利用规划设计的分类。土地利用规划设计是针对土地利用专项规划中的土地开发规划、土地整理规划、土地复垦规划、土地保护规划、土地整治规划的专项规划设计，将各项专项规划的具体项目按照划定的区域，遵照当地的实际情况进行规划设计，一般是对田、水、路、林、电、村进行综合规划，建立高标准的农田和建设社会主义新农村，充分发挥土地的三大效益。

以上所说的规划体系是常用的分层次规划，有时还采用其他分类体系的土地利用规划，如按自然区域、经济区域等区域划分的土地利用规划，如我国编制的《黄淮海平原土地利用总体规划》等。

**2. 土地利用规划模式**

规划模式是指规划内容的表现形式。不同种类的规划、不同层次的规划、不同内容的规划有不同的模式。例如，按照规划种类划分，规划模式可分为目标规划、结构规划、布局规划等；按照规划层次划分，规划模式可分为高层次的宏观战略规划、低层次的微观实施性规划；按照规划内容所组成的性质划分，规划模式可分为综合性规划和专项规划；按照规划功能详细程度划分，规划模式划分为总体规划、专项规划和规划设计；按照规划内容的指标性能程度划分，规划模式可分为弹性规划和刚性规划；按照规划内容的设计要求划分，规划模式可分为单方案规划和多方案规划。土地利用规划的模式是规划内容和性质的表现形式，土地利用规划的内容和性质决定土地利用规划模式。

（1）高层次的规划。高层次的规划是指国家级、省（区、市）级的土地利用总体规划。高层次的规划模式应是宏观控制性、政策指导性的规划。一般来说，高层次规划的空间范围大，区域内土地利用类型复杂，区域空间差异显著，区域内土地利用方式、程度、习惯、经营模式都有较大的差异。所以，这类规划的重点是进行宏观调控，明确各类用地的宏观目标，空间布局也以地域分区为主，制定不同区域的土地利用政策时不宜做得过细，要明确国家级、省级重点建设项目的指标和布局。

（2）中层次的规划。中层次的规划是市（地、州、盟）级的规划，它具有承上启下的作用，它的规划模式具有两重性，即既有高层次的宏观控制性，又带有一定的实施性，在指标控制上以宏观控制为主，对于一些建设项目力求详细，具有一定的可操作性。在空间布局上一般以地域分区为主，但县级以上的城镇建设区域按要求划定，国家、省（区、市）、市（地、州、盟）级的重点建设项目要落实到规划图上。关于土地的开发、整理、复垦、整治、保护的指标都要具体落实到县（市、旗）级。

（3）低层次的规划。低层次的规划一般是指县（市、旗）级、乡（镇）级的规划，这类规划是实施性的规划，规划的内容要落实在规划图上。因此，这类规划的模式应该是多方案优化、结构规划与布局规划并重、突出布局规划的模式。突出布局规划的内容是通过划定用地范围，确定用地的规模。建设发展水平可快可慢，但是其用地的范围是不变的，在划定范围内可根据当地建设发展水平，通过布局的有效控制，达到总体控制的目的，确保土地利用总体规划的实施不会有大的出入。县（市、旗）级、乡（镇）级的土地利用总体规划既要认真落实国家级、省（区、市）级、市（地、州、盟）级的规划所部署的内容，又要结合当地的实际情况安排本县的土地利用规划内容，土地利用的许多具体问题都集中在基层，低层次的规划难度较大，其原因就是具体问题较多。这个层次的规划具有突出的实施性和可操作性。

## （五）土地利用规划的系统平衡控制论

### 1. 土地利用规划中的系统控制论

系统由相互联系、相互依赖、相互制约、相互作用的若干子系统构成，元素组成子系统；系统中子系统中的元素，在空间和时间中持一定的秩、一定的序（时限等）、一定的层次、一定的阈排列成多维结构；一定范围的融合体，按递阶的层次排列，各递阶的结构、作用、功能、调节、控制和运动具有各自的特定规律；系统是一个有机的整体。土地利用与土地利用管理是一个庞大的系统。这个系统是由土地利用的自然、经济、社会三个子系统组成的。这三个子系统又包括了诸多的因素和因子。诸多因素和因子的相互作用、相互制约形成了各区域的土地利用状况与土地利用管理对象，形成了各区域土地利用总体规划的差异性。由于区域的差异、土地利用条件的变化、时间的变迁，土地利用规划没有固定的内容。

自然子系统包括土地自然属性中的诸多因素、因子。自然因素主要有地质地貌、水文、气象气候、土壤、植被、动物等。各种因素又包括诸多的因子。例如：地貌因素包括山地、丘陵、盆地、谷地、平原等因子，山地地貌因子又包括坡度、坡向、海拔高度等；气象气候因素包括太阳日照时数、太阳辐射量、气温与积温、无霜期、降雨量、降雨年际变率、年内季节分配、蒸发量等因子，主要气候灾害（如干旱、洪涝、干热风、冰雹、霜冻、台风等）因子均对土地利用具有一定的限制作用；水文因素中地表径流总量、地下水储量及开采难易程度、灌溉条件与保证率、水质状况均是限制土地质量的因子；土壤因素包括土壤的成土母质、土层厚度、土壤质地、土体构成、土壤养分（有机质和氮、磷、钾常规元素及个别地方的微量元素)、土壤积水状况等因子。在不同区域内往往某一两种因素起主导性限制作用,山区的土层厚度在某种程度上决定了土地利用类型;动植物因素中植被的种类、覆盖率、密度、水土流失状况等因子都起到了一定的作用。以上自然系统中的诸多因素、因子往往在不同空间上显示其主导限制因素的作用,影响土地利用的类型与质量,是编制土地利用规划必须研究的内容。

经济子系统讲的是生产、消费,以及两者之间联系的流通过程。这是经济子系统中的第一层次,生产又可分为第一产业、第二产业、第三产业。第一产业包括土地上的直接生产,也就是大农业与矿产业。大农业包括农业(种植业)、林业、牧业、渔业,构成土地利用的主体,是人类赖以生存的主要物质源泉,即农业用地类别。第二产业包括工业。工业又涵盖了不同分类系统的行业,一般分为重工业与轻工业,轻工业的原材料大部分来源于第一产业的产品。第三产业包括建筑业,需占用土地。交通运输业修建的交通线路、码头港口也均占用土地空间。游览、娱乐、文化场所是第三产业的一部分,均由土地承载。总体上讲,从经济角度分析,所有的产业用地都分为两大类,即农业用地与建设用地,前者是人类生存的必要资源,后者是人类生存场所的载体,两者之间为共轭关系。有限的土地资源既要为人类生存与发展提供更多、更直接的产品,又要承载满足人类精神文明、生态文明与物质文明的空间。两者之间的协调为人类创造了良好的生态环境与经济社会环境;反之,对人类的生存与发展产生限制与破坏作用。

经济体制、经济发展模式、经济发展速度、经济发展目标、经济结构等因素无不决定土地类型转变,土地合理利用,土地增值收益,土地利用的结构、国土空间配置的变化。因此,经济发展战略决定了土地利用的未来变化与规律,这也是编制土地利用规划需研究的内容。

从另一个角度分析,土地带有双重性:它既是一种重要的生产资料,也是人们的一种资产。土地利用是人们为了获取利益对土地进行的干预活动。土地利用规划就是人们为了取得土地利用的经济、社会、生态三大效益的最佳组合采取的综合措施。人的劳动就是让土地产出更多财富,满足人的需求。为此,人对土地进行多方面的投入。投入、产出是人们经济活动的基本目标，人们总想用较低的投入换取较高的收益。土地利用规划就是解决人对土地投入产出比较的过程，为满足人们需求调整土地利用结构与布局，并使土地利用达到比较理想的程度。

社会子系统简单说起来可以概括为决策与管理两个方面。两者有一个共性，就是都离不开"人"。决策须由人制定，管理须由人执行。人的数量、质量，对环境的要求标准，以及人的素质与科学文明程度，都决定了土地利用的方式。决策仅是一个认识，关键在于管理与落实，这也是目前我国土地利用规划值得研究的问题。规划的实施是最难解决的问题，在管理上可依据法律与行政命令、乡规民约等，但实现这些措施均是由人执行，执行者的素质、对问题的认识无不决定着管理的水平与效果。因此，我国制定的一系列法律、行政命令有时会因有法不依、违法不纠、有禁不止而导致决策不落实，成为社会进步的障碍因素。在土地利用中也充分体现了这一点。

土地利用规划是一个庞大而复杂的系统工程。编制不同区域、不同时段的土地利用总体规划要进行多方面的研究，经过综合分析，找出影响当地土地利用的主导因素，制定有针对性的具体措施，以使有限的土地资源为人们生活提供更多的产品，创造适宜的环境。

**2. 土地利用规划中的平衡控制论**

平衡是指各种物质运动过程在某一时刻的稳定状态。世界上的物质是运动的，运动物质的平衡是相对的，不平衡是绝对的。编制土地利用规划的实质就是打破一个旧的平衡，建立一个新的平衡，最主要、最直接的表现形式就是规划的平衡表，从数字结构上反映规划的成果，建立规划年的土地利用平衡结构。这种平衡结构是由一系列的分支平衡所支持的，也就是说平衡表的内容并不是几个简单的数字游戏，而是由诸多其他平衡所决定的。就我国多数的土地利用规划分析而言，一般的规划旨在实现耕地的动态平衡、土地的供需平衡，以及建设用地部门之间的协调平衡、土地利用与生态建设的平衡，土地利用中要有国家、集体、个人之间的协调平衡等。诸多平衡的背后是土地利用的利益平衡。由此可见，土地利用规划平衡的建立是一个复杂的过程，是由多方面构成和决定的，这就说明编制土地利用规划需要进行系统分析、系统综合，用统筹兼顾的基本方法建立多种平衡、和谐的目标。

另外，土地利用规划也是一个多目标规划，因不同的目标建立不同的平衡状态，不同的平衡状态需要不同的分支平衡来支持，从而形成多种规划方案。也就是说，不同的平衡状态形成了规划的多种方案，需要在多方案中优化选择相对可行的方案，这也是编制土地利用规划的一个基本任务。

此外，在编制土地利用规划过程中对各个部门用地供需情况的分析会因供给能力和水平不同带来多种结果。当国家、集体、个人用地采用不同的标准时，会产生多种结果，这些结果会形成不同的决策结果，也给规划的平衡带来了不确定因素，增加了编制土地利用规划的难度。

总之，土地利用规划的内容、技术路线、程序与方法都需要一种平衡的机制来支持，建立和谐的平衡机制是编制土地利用规划的指导思想，也是编制土地利用规划的实质。

## 二、土地利用结构与布局

### （一）土地利用结构

土地利用结构也称"土地结构"或"土地构成"，是一定区域范围内各种土地利用类型的面积占该区域总面积的百分比。换句话说，也就是某区域内各种土地利用类型的面积所占土地总面积的比重，它是土地利用面积的绝对量的相对数的表现方式。土地利用结构分析是对一个地区内不同利用类型土地面积所占比重的分析；土地利用结构调整，是区域内各种类型结构比由一种集合状态变化为另一种集合状态的调整，如土地利用总体规划就是由基期年的结构调整为规划年的结构。区域的土地总面积是一个定值，土地利用结构总量为100%，各种土地类型的数量变化表现为结构的变化。同时，土地利用结构的变化也反映了土地利用类型面积的变化。调整土地利用结构实际上就是调整国民经济各部门的用地面积，即结构比。

### （二）土地利用布局

土地利用布局也称"各种用地配置"，是一定区域范围内各种不同的土地利用类型规模和利用方式在区域内的安排；是根据国民经济的发展和各部门、各企业对土地的需求，考虑到土地资源的数量、质量和适宜性，以及人口、市场位置、交通运输条件等因素，进行的土地资源的合理分配，并确定土地的不同功能和区域分工，合理配置不同用途的土地，实施与各种土地利用有关的措施（如道路、渠道、水工建筑等）的整个过程。土地利用布局是在土地利用过程中进行宏观控制和微观控制的一种措施和手段。这种措施和手段不是一成不变的，它是随社会制度、土地使用制度和生产关系的变化及生产力的发展变化的，并受自然因素、经济因素、技术因素和社会因素的制约。土地利用布局的任务是：建立土地利用现状分布，在不同部门和不同用途之间合理调整分配，确定各类用地的比例、规模、空间位置和界限，既要充分合理利用全部土地，又要最大限度地满足各部门、各项目在数量和空间上对土地的需求。

土地利用布局要坚持四个原则：最佳效益原则，以较少的投入取得较多的产出，形成良好的生态效益、经济效益和社会效益；集约化、专业化布局原则，使土地充分实现集约化利用，提高土地利用的经济效益；相对平衡布局原则，可避免某种用地布局过度集聚带来的不良后果；生态环境质量最佳原则，通过合理布局，满足和改善人类生存的生态环境，节约用地，使人类取得生态效益、经济效益和社会效益的最佳组合。

# 第三节　土地节约集约利用与分区

## 一、土地节约集约利用

### （一）节约集约用地的原则

第一，对于"开源"和"节流"，要坚持双管齐下，但需要注意排在第一位的应当是节流。在对节约集约用地进行推行的过程中，要统一协调

"开源"和"节流"。将"严控增量、盘活存量、管住总量、集约高效"这一要求进行全面落实，要一手抓"开源"，采取多种途径、借助多种渠道对耕地和建设用地的来源进行拓展；同时还要一手抓"节流"，节约用地，对存量进行盘活利用。对可用可不用的土地，尽可能不用；能少用土地的，就少用；能对劣地进行使用的，就不要使用好地；对每一寸土地，特别是耕地要节约使用。不管是对已有的存量用地进行使用，还是对新增的建设用地进行使用，都要遵守节约集约这一原则。

第二，对于宏观调控和市场配置要两手抓，结合使用。在供应建设用地方面，除了要将计划、规划的作用尽可能地发挥出来，对宏观调控进行完善和加强，对用地的规模、布局及结构进行合理化调整和规划，对占用耕地特别是基本农田的情况进行严格把关和控制，还要对土地资源配置过程中市场所能够发挥的基础性作用进行充分利用，要建立相应的价格机制，对资源的稀缺性进行反映和呈现。在土地的节约集约利用方面，这是对其进行促进的最根本的一个途径。

## （二）节约集约利用的特征

首先，面对不同空间层次，我们节约集约利用土地的目标也有所区别。当我们所针对的是整个地区，即宏观的空间尺度时，我们更加重视的应当是用地的结构和功能是否合理，以及土地的利用效益的综合化程度；重点应当是如何对土地资源配置进行优化及如何确保土地资源可持续利用。当我们面临的是中微观层次的土地时，我们更加重视的则是单块土地在投入和产出方面的效益情况。

其次，节约集约利用存量土地并不是简单地对空地进行消灭或者是"见缝插针"。从地区的生产发展角度来看，对一定的开阔空间进行保留，确保地区的后续发展仍有余地是十分重要的，特别是对地区的可持续发展和生态环境发展来说，更是好处众多。

最后，我们说的节约集约利用土地绝对不是要对土地进行高强度的开发和利用，而是一种更为高效的、有利的利用状态，即达到最佳集约度或者最优集约度。如果在用地布局和结构不完全合理的情况仍对土地的利用强度进行盲目提升，一味对高容积率进行追求，那么不仅难以在利用效果方面达到最佳，严重的还可能会产生负面影响。所以，我们在节约集约利用土地时，需要对最佳集约度或者说最优集约度进行寻找和探索。

# 二、土地利用分区

土地具有一定的自然性和固定性，不同的区域在社会条件、自然环境方面都会有不同的表现，这就导致了土地的属性和其利用在不同的区域会表现出一定的差异性。其主要表现在以下几个方面：土地的利用方式、土地的质量、土地的利用方向、土地的利用特点，等等。然而，在一定的范围内，这些属性又表现出了比较一致的特性。我们所说的土地利用分区就是根据这些差异性和比较一致的特性，对土地利用的基本单元进行划分的过程，即以土地的社会经济条件和自然条件的不同、土地利用方向和类型的相对一致为标准，对土地利用的基本单元进行划分。

## （一）土地利用分区的目的与意义

### 1. 土地利用分区的目的

所谓土地利用分区，就是指根据目前的土地利用情况和其未来规划的利用方向，对用途不同的各种用地区域进行划分。土地利用分区能够在各个用地系统的编制部门对用地进行规划时为其提供参考，帮助相关部分更好地对土地的用途进行管制。

（1）目的。我们进行土地利用分区就是为了在对目前的土地资源情况、利用情况进行摸底调查的基础上，结合当下的社会经济条件，对土地利用方面表现出的共性进行归纳，对其差异进行区分，科学地对其进行综合研究，对区域差异所表现出的客观规律进行揭示，在将来进行土地利用规划时，为其提供基础和参考。

（2）内容。借助土地利用分区，我们可以对区域内的自然条件、土地资源优势及社会经济条件等情况进行阐明，对土地利用的结构、属性、特点、当下情况、历史经验及存在的问题等进行阐述，探索土地开发利用的未来方向、途径、潜力及有效措施等。

（3）目标。编制土地利用分区规划，同时将其和土地利用总体规划结合到一起，在进行区域土地开发利用时为宏观决策的制定提供依据和指导，并对综合自然区划、综合农业区划、土地资源区划、农业生产发展规划等的制定提供科学依据和参考。

（4）效益。我们之所以要进行土地利用区分，最根本的一个原因就是要对土地利用的效益进行增进，对生态系统的良性循环及国民经济的平衡发展进行促进和推动。这里所说的效益既包括社会效益、经济效益，也包括生态效益。

（5）服务。对土地利用在地域方面表现出的差异特点进行反映，对不同区域的土地类型特点、结构及土地利用方向进行揭示，对不同区域合理开发利用土地资源的措施和对策进行点明，为区域土地利用总体规划的编制及区域土地资源的合理利用提供相应的服务。

**2. 土地利用分区的意义**

要想使区域的土地实现统筹利用，其中一个十分重要的手段就是土地利用分区，这也是土地利用规划总体修编过程中的一个重点工作内容。土地利用分区意义重大，主要包括：

（1）借助土地利用分区，我们可以对土地利用在地域方面表现出的差异和规律进行一定程度的揭示，对土地利用时的空间结构进行优化和完善，对区位之间的不同之处和差异性进行反映和体现，对区位优势进行充分发挥，这对建设和生产的专业化发展、区域化发展是有积极影响的。

（2）借助土地利用分区，我们可以更好地对土地的利用进行宏观层面的协调、控制、组织、监督。对各个部门之间的矛盾进行协调，对一些不合理的利用进行限制，这一点在土地用途的分区管制方面体现得比较多。

（3）土地利用区分是土地利用总体规划中的一部分，而且是相当重要的一部分，它并不是一项独立的专项规划，因此要想实现总体规划，土地利用分区是十分必要的一个措施，也是非常重要的途径。

（4）对不同的区域来说，土地利用的限制条件、利用方向及管理措施等都有所区别，我们要采取因地制宜的手段，对土地利用的科学规划和区位效益进行保障，使规划的操作实施更加便利。

## （二）合理进行土地利用分区

### 1. 土地利用分区的影响因素

土地利用分区的规划这项工作是综合性极强的，其中涉及很多因素，如社会、经济、人口、环境，等等。要想科学、合理地对土地进行分区，确保土地的分区可行、有效，我们就需要遵循一定的原则。当然，土地分区的模式不同的话，每一个原则的影响力也不同，其地位自然也有所差异。

（1）考虑主导因素。土地是一个综合体，它集自然、社会、经济、环境于一体，除了构成要素本身所具备的特性会对其产生影响，社会条件、经济条件及技术条件也会对其产生重要影响。土地的质量受到很多因素的影响，如地貌、气候、土壤、植被、水文等，因为土地有优有劣，因此我们需要投入一定的人力、物力、财力，采取一定的技术措施，如改良、复垦、整理等，土地的质量情况进行调整改善，恢复或改善土地的质量。社会的发展阶段不同，自然、社会、经济、环境、技术条件也有所区别，在土地利用方面，这些对土地利用产生影响的指标因子所能做出的贡献也是完全不同的。其中一些因素发挥的作用是比较关键的，占据主导地位。在不同的区域中，即使是同一因素，其所能发挥的作用也是不一样的。所谓主导因素原则，就是指在众多对土地利用产生影响的因素当中，对其中起决定性作用的因素和主要因素进行寻找和确定。

（2）遵循土地的适宜性。不同区域的社会经济条件及自然条件表现出了很大的不同，因此我们需要解决的问题也不一样。我们在进行土地利用分区时，要以区域的社会经济发展阶段、自然资源条件、生态环境保护需求为中心，对土地进行明确划分，对农业用地、建设用地、生态用地等进行明确，尤其是建设用地和生态用地，一定要做好规划确认，要对土地本身的环境容量进行充分考虑。在划分农业用地区域时，要对生物适宜性问题进行充分考虑，对土地利用区进行划分，并在此基础之上对土地的利用方向、利用强度等进行确定。

（3）尊重土地的差异性。不同区域土地的质量是不一样的，可以说优劣各异，差距明显。同样地，不同区域之间社会、自然、经济条件也有所不同，在土地的利用方式和结构、土地利用的效益方面表现出很大的不同，因此我们在进行土地利用分区时，一定要确保在同一区域内保持最大的相似，而在不同的区域之间则保持明显的差异。

**2. 土地利用分区的方法**

所谓土地利用分区的方法，其实就是指具体对土地利用分区进行的一种落实。它以区划为基础，按照土地在社会、经济、自然条件方面表现出的区别，同时结合土地利用方面的相对一致特性，根据一定的标准，对一定地域进行划分，将其分成不同等级的区域。在每个区域内，土地的利用类型、利用方向、利用政策及利用措施都应当保持相对一致。它不仅是对土地利用进行总体规划的一种十分重要的方法，同时也是我们对土地利用进行总体规划的重要成果之一。分区法对区域土地利用发展总体结构进行了充分把握，对区位差异进行了充分反映，在实现土地利用的战略目标及达成宏观的土地利用目标方面，都发挥着重大作用，具有重要意义。在同一片土地利用区域内，土地的利用具有相对一致的特点，这对实施和管理土地规划十分有利。总体来看，我们可以将分区方法划分成两类，即传统方法和数学方法。

（1）传统方法。传统方法是以定性分析为基础，在这一前提下对已经量化的相关指标信息进行提取，并设置其为边界特征值，对土地利用区进行划分，以特征值的连接线或者是等值线为界线，完成划分。

第一，定性分析法。人都是具有一定的主观经验的，对此进行充分利用，并对各种相关因素进行充分考虑后进行划区的方法就是定性分析法。通常来说，对于在土地利用方式上表现出明显区别的区域，或者是分区界线十分明显、很容易划定的区域，这类方法是比较可取的。

第二，统计分类法。这种方法是对土地利用的相关统计资料进行分析利用，对指标系统进行提出和构建，按照区域内部的差异性和同一性对土地进行分类，将指标比较相近的邻近地区联合在一起，形成一个区域。

第三，过程分析法。没有哪个土地利用区是从始至终保持不变的，它都经过了历史的发展演变，对其历史发展过程进行系统分析，可以帮助我们对其利用现状进行更加深刻的认识和了解。我们必须对土地利用现状有深刻、清楚的认知，这样才能对其未来发展情况进行更加科学的预见。按照对该土地的用地主导部门未来发展的实际需求，将相关的邻近地区组合在一起，形成完整的土地利用区。

第四，叠加法。我们在对土地进行分区时，对目前已经存在的各种规划界线一定要尽量参考和遵循，如城镇规划、农业区划、农业区域综合开发规划，等等。要把相关的成果图件（如土地利用的现状图、基本农田保护区图、地形图、土地适宜性评价图、城镇规划图等）叠放在一起，然后根据分区标准，对土地利用分区进行划分。如果要对原本的规划界线进行调整改变，那么一定要先跟原本的规划部门进行协商确认。在分区中，这种方法相对比较简单，也很容易操作。

（2）数学方法。区域科学建立后，在地理学中，计量的使用开始大量兴起，还引入了电子计算机和一些新的方法。在进行区域研究时，开始广泛使用一些现代数学方法，也因此产生了新的科学方法论。随着技术的进步，计量经济学、经济统计、地理学的方法都得到了长足的发展和改进，在进行区域结构分析，尤其是关于土地利用的分区方面，数学方法占据的地位越来越重要，已经成为十分重要的一种科学手段和方法。我们甚至可以认为，在土地利用分区中，任何能够进行分类学研究或者层次分析的数学方法都是可以被利用的。

目前我们最常使用的分类方法主要有四种：主成分分析法、层次分析法、判别分析法、聚类分析法。这四种分类方法是具有一定的共同点的，主要表现为：在分割地区时需要遵循一定的原则，通常是使用方格法，或者是利用某一级行政单位，在区划分类计算时，以此作为空间样本，之后按照不同土地区的不同特点和性质，对指标进行指定。要先对其中的定性指标进行量化处理，对原始的数据矩阵进行构建，然后根据区划原则，选择合适、合理的方法对样本的相似性、相关性进行计算，对区域归并的判别值、区域划分的谱系进行构建，进而获得土地利用分区的最终结果。

# 第四章
# 土地利用规划及其信息系统的构建

土地利用总体规划是在一定的区域内，根据国民经济建设发展需要及当地的自然、经济、社会条件，对土地的开发、利用、整治和保护，从空间上、时间上进行总体性的布局和安排，协调各产业间的用地矛盾，促使土地利用取得好的经济效益、生态效益和社会效益。本章将探讨土地利用总体规划及其保障措施、土地利用专项规划与保护规划、土地利用规划管理与信息系统的构建、土地利用工程项目设计。

## 第一节　土地利用总体规划及其保障措施

### 一、土地利用总体规划

土地利用总体规划是一个多类型、多层次的规划体系，包括自然区域、经济区域、功能区域、行政区域。按《中华人民共和国土地管理法》第十七条规定，目前我国广泛开展的土地利用总体规划多是按行政区域进行划分的，分为全国、省（区、市）级、市（地、州、盟）、县（市、旗）级和乡（镇）级五个层次。但是也有其他类型的土地利用总体规划，如《黄淮海平原土地利用总体规划》，属于自然区域的土地利用总体规划。

### （一）土地利用总体规划的重要性质

土地利用总体规划对土地利用具有宏观控制与协调的作用，对土地利用的管理具有"龙头"作用,对国民经济与社会发展具有重要的支撑作用,也是国民经济与社会发展计划体系中的重要组成部分。这些作用与功能反映了土地利用总体规划具有以下性质。

**1. 长期性**

土地利用总体规划是对土地利用的长期规划,是为了防止土地利用出现大的失误而制定的,是在对土地利用有关的重要经济活动和长期变动趋势(如人口变化、技术进步、城镇化、工业化、农业现代化等)做出预测的基础上,制定的长远土地利用总体规划,拟定的战略性的方针政策和措施,它为编制中期规划和年度土地利用计划提供了依据。由于社会生产过程中经济活动对土地利用的影响是长期的、渐进的,调整土地利用结构、布局和方向,使之达到预定的目标,不是短期内就能实现的。为了使土地利用的变化同长期经济发展过程相协调,减少矛盾,需要编制一个长期的土地利用总体规划。一般来说,土地利用总体规划的期限为 10～20 年,可展望到 20～50 年。

**2. 战略性**

土地利用总体规划的战略性表现为:①土地利用总体规划是宏观指导性规划,着重研究解决与国民经济社会发展长远规划相联系的、带有全局性、长远性的重大土地利用问题,解决部门间的用地矛盾,安排好全辖区全局性的土地利用,是战略性规划;②土地利用总体规划提出的土地利用长远目标和为实现这一目标拟定的方针、政策和措施,具有战略性;③协调土地的供求矛盾,调整土地利用的结构和布局,按用地分区规定土地利用的方向,根据不同用途选择开发、利用、整治、保护土地等,也是战略性的措施。所以,土地利用总体规划是战略性的规划。

**3. 动态性**

土地利用始终是一个动态变化的过程,由于社会、经济发展受一系列不确定因素的影响,且土地利用总体规划是一项长期的战略性计划,在规划实施过程中的不确定因素很多,不可避免地要随社会经济发展计划的改变、市场机制的变化做出相应调整,即土地利用规划发生动态变化,因此规划要有较强的弹性。在日常规划管理工作中要进行土地利用规划动态监测,为阶段性修订规划和重新编制规划奠定基础。这一切均说明土地利用总体规划是一个动态变化的过程。

### 4. 层次性

土地利用总体规划的重要作用是控制土地利用方向、结构布局及土地利用的措施。①由于行政层次的差异，不同层次的行政区域都要编制土地利用总体规划，全国共有五个行政级别的规划。②行政辖区往往因自然条件、经济社会条件不同而形成不同的发展区域空间，根据不同的经济社会发展目标实行分层次的控制，因此在编制土地利用总体规划时，行政辖区内也要因地制宜地进行分层控制。土地利用总体规划按分层次控制结构与布局是规划的重要内容。③土地利用规划按功能可分为土地利用总体规划、土地利用专项规划和土地利用规划设计三种类型，要根据内容确定土地利用规划的模式和方法。

### 5. 权威性

土地利用总体规划的权威性表现为：①土地利用总体规划编制以《中华人民共和国土地管理法》为依据，地方人民政府的土地利用总体规划必须由上级人民政府批准方可实施，这充分体现了其法规性和行政控制性。②土地利用总体规划的编制主要采用综合平衡协调、公众参与的原理与方法，建立在国家、集体、个人三者利益的基础上，违反规划则会损害各种利益。所有土地利用总体规划的制定实施都是依据各种法律拟定的，本身具有法律效力，因此任何个人和单位无权修改和违反规划。③各级土地利用总体规划的目标是政府工作的重要目标之一，是国家机关实施行政管理活动的重要组成部分，在规划实施过程中，政府机关有权依法对规划实施实行监督和检查。

总之，编制土地利用总体规划是一项大的系统工程，涉及土地利用的方方面面，是一项知识面宽、技术性强的工作，因此要注意多学科的协同作战。

## （二）土地利用总体规划的目标与方针

### 1. 土地利用总体规划的目标

确定土地利用总体规划的目标是编制土地利用总体规划的核心内容，也是最关键的内容。因为，土地利用总体规划的目标关系到整个规划全局的大问题。只有确定了明确的、正确的、合理的目标，才能保证规划的编制质量，达到预期的目的；反之，就是一个失败的规划。

土地利用总体规划目标的确定要根据国民经济与社会发展情况、当地的经济发展战略、上级土地利用总体规划、土地供需平衡的可能性来确定，属于土地利用总体战略研究的内容。一般来讲，土地利用总体规划的目标应由总体目标和具体目标组成。总体目标是区域土地利用总体规划的总的指导思想和原则，具体目标则是对主要用地类型的具体安排。

在保护生态环境的前提下，保持耕地总量动态平衡，土地利用方式由粗放经营向集约经营转变，土地利用结构与布局明显改善，土地产出率和综合利用效益有比较明显的提高，能够为国民经济持续、健康、快速发展提供土地保障。其具体目标是：①农用地特别是耕地得到有效保护和综合整治；②在保障重点建设项目和基础设施建设用地的前提下，建设用地总量得到有效控制；③土地整理全面展开，未利用地得以适度开发；④土地生态环境有比较明显的改善。

**2. 土地利用总体规划的方针**

土地利用总体规划的方针也是土地利用战略的组成部分，在研究土地利用战略时要根据当地的实际情况制定出符合当地土地利用的基本方针。土地利用方针是土地利用总体规划目标实现的方向。例如，我国的土地利用方针是"一要吃饭，二要建设，三要保护环境"。局部区域针对某些地类也可以制定不同的方针。例如，某市的山地、平原各占一半，平原地区园地与耕地争地现象很严重，本市又是国家重要粮食生产基地，而山区又有大面积的未利用土地，适合种植果园，因此对园地的利用方针为"园地由平原向山区转移"。

## （三）土地利用总体规划的任务与内容

### 1. 土地利用总体规划的任务

土地利用总体规划的任务是由土地利用总体规划的性质决定的，根据土地利用总体规划的内容，土地利用总体规划的任务主要如下：

（1）建立土地利用管理的宏观控制体系。土地利用总体规划是一个战略性、长期性、宏观控制性的规划，最主要的目的就是制定土地利用的长远战略目标，防止土地利用中出现大的失误；通过编制土地利用总体规划，合理地调整土地利用的结构与布局，从宏观上为土地利用管理提供基础依据；通过编制土地利用总体规划，协调安排各类用地，满足各部门发展的需要，保障经济与社会的稳定、快速发展；依据土地利用总体规划，安排土地生态建设用地，确保土地的可持续利用。总之，通过编制土地利用总体规划实现对土地利用的宏观控制，使土地利用沿着既定的目标方向发展。

（2）建立合理的土地利用空间布局模式。土地利用总体规划的另一个重要任务是在区域内构建合理的土地利用空间布局，使土地利用在空间上得以合理安排。低层次的土地利用总体规划更要重视布局规划的合理配置，以使布局规划达到控制土地利用的目的。空间布局的具体内容就是划定土地的用地分区，一般有农业用地区、园地用地区、林地用地区、牧草地用地区、城镇建设用地区、村镇建设用地区、独立工矿用地区、自然风景保护区等。根据用地区的划分，制定用途管制措施。

（3）建立土地利用总体规划的实施措施。土地利用总体规划编制后的一项重要任务是建立一整套规划实施措施。例如：成立土地利用总体规划实施领导组织；制定规划实施的条例和具体实施办法；公示、公开土地利用总体规划的主要内容；成立土地利用总体规划动态监测的管理机构，制定具体措施，为土地利用总体规划的调整和修编提供基础资料。

（4）建立土地利用总体规划管理的相关制度。土地利用总体规划编制后，根据土地利用总体规划的实施要求，建立相关的管理制度，如用地申请规划许可制度、土地用途管制制度、土地利用总体规划动态监测制度、土地利用总体规划的检查监督制度、土地利用总体规划的审批制度、土地利用总体规划的资料档案管理制度、土地利用年度计划管理制度等相关的制度，通过建立完善的管理制度，确保规划的有效实施和规划的权威性。

（5）继续完成土地利用专项规划的编制任务。土地利用总体规划编制后，要依据土地利用总体规划完成土地利用专项规划的编制工作，使之与土地利用总体规划相配套，保证土地利用总体规划的目标实现。在完成土地利用专项规划的同时，确定土地开发、整理、复垦、保护和整治的具体项目，作为土地利用规划设计的具体内容，保障土地利用总体规划的目标实现。

### 2. 土地利用总体规划的内容

土地利用总体规划的内容包括土地利用总体规划的基础研究和方案、土地利用专项规划。

（1）土地利用总体规划的基础研究。土地利用总体规划的基础研究是编制土地利用总体规划的前期准备工作。土地利用总体规划的基础研究包括上一轮土地利用总体规划的实施分析与评价，土地利用现状分析与评价，土地适宜性评价，土地利用发展战略研究，人口与用地需求预测，土地的供需分析、耕地保护研究等方面的基础研究，它们为编制土地利用总体规划奠定了坚实的基础。

（2）土地利用总体规划方案。一般的土地利用总体规划方案应由以下几部分组成：前言、土地利用现状与土地潜力分析、土地利用的目标和土地利用方针、土地利用结构和布局的调整方案、土地利用专项规划的概述、土地利用分区、重点项目用地规划、土地利用总体规划的实施措施。

（3）土地利用专项规划。土地利用专项规划是落实土地利用总体规划的措施规划，是针对某一项土地利用措施和某个专项地类所编制的规划。但是在土地利用总体规划中往往要把主要的专项措施规划呈现出来，作为总体规划的组成部分，如基本农田保护规划、土地开发整理规划、土地复垦规划和土地整治规划。专项用地和专项措施的专项规划在完成土地利用总体规划后进行编制。

## （四）编制土地利用总体规划的程序

土地利用总体规划是一个系统工程，遵照系统平衡控制理论的指导，其程序应该在横向上要以理论支持系统为基础，产生土地利用决策系统（规划方案），最终形成规划的执行系统（规划的实施）；在纵向上要经过系统调查、系统分析、系统研究、系统综合，达到系统控制。具体来讲，土地利用总体规划的编制程序一般可划分为四个阶段。

第一，准备阶段。准备阶段就是规划前期的一系列准备工作，包括思想准备、组织准备、工作准备和物质准备。在思想准备方面，通过学习有关的法规政令，拟定文件，进行广泛动员，利用宣传手段，让全民了解编制规划工作的意义、目的与任务，调动有关部门积极参加。其具体工作包括：建立组织，由有关用地部门组成领导班子，便于规划的协调与平衡；组成业务骨干的技术班子，具体负责编制规划的各项具体任务，拟定编制土地利用总体规划的工作方案与技术方案；对下层参与规划的领导与业务骨干进行培训。根据工作量拟定与落实规划经费。

第二，调研与编制草案阶段。在准备工作完成以后，在拟定的调查提纲指导下，对有关部门进行广泛的资料收集与调查。在调研过程中根据当地的实际情况拟定一些主要用地类型的规划草案，在调研过程中与有关部门进行磋商，实际上就是进行初步的协调，可以选择部门单独调研，也可以召开座谈会进行座谈，逐步把部门规划纳入土地利用总体规划。调研还包括对上、下级土地利用总体规划及相关规划的调研，要认真研究上级规划的指标，参照相关部门上级规划的内容和下级土地利用的规划设想，在拟定规划草案的过程中有机地把相关内容融入规划。

第三，编制规划阶段。在资料整理分析和调查研究的基础上，进行用地分区，拟定用地指标，把各项规划内容综合成规划初稿、规划说明和总体规划图。有几个供选方案的，要筛选其中之一作为正式方案。规划初稿要在产业主管部门之间、各级人民政府之间进行协调，还要邀请有关部门领导、专家以及有关人员进行论证，把好方针、政策和技术关。论证之后，规划初稿送交同级政府审议，根据审议结果形成规划送审稿，依法报上级政府审批。

第四，规划审批和公布实施阶段。土地利用总体规划实行分级审批。逐级上报省、自治区、直辖市人民政府批准；其中，乡（镇）土地利用总体规划可由省级人民政府授权设区的市、自治州人民政府批准。土地利用总体规划一经批准，必须严格执行。经过批准的土地利用总体规划报告便成为具有法律约束力的正式规划文件，它既是各个部门利用土地的准则，又是各级土地管理部门编制中期和年度土地利用计划，审批、监督土地利用的依据。经批准的规划应向群众公布并广为宣传，取得人民群众的广泛支持，以利于规划的实施。各级政府及其土地管理部门应采取行政、法律、经济、技术等综合措施保障规划的执行。

## 二、土地利用总体规划保障措施

### (一) 土地利用总体规划保障机制

第一，规划许可。我国对土地用途实行严格的管理，而土地用途管制制度的基础与核心就是规划许可。在基础设施建设需要占用农用地时，必须遵循土地利用总体规划，在允许的范围内进行安排，建设用地的审批必须符合土地利用总体规划。对与土地利用总体规划不相符的用地设计不予批准，保证土地用途的严格监管。通过规划许可来控制农用地转为非农用地，将建设用地的数量限制在一定的范围内，实现对耕地的有效保护，各种用地要严格按照规划来提供，实行用地的全过程监督与管理。

第二，经济调控。经济调控指的是利用价格杠杆引导和规范土地市场的健康发展。国有土地要严格实行有偿使用制度，国有土地的出让与交易要严格按照规定进行招标、拍卖与挂牌，协议用地的范围要受到严格限制；要对土地市场实行严格的管理，对闲置的土地要加大处置的力度，提升保有土地的成本，尽量收回游离于市场之外的土地，挖掘土地的潜力，对土地实行集约化管理与利用，促进土地结构的进一步优化；进一步完善土地储备制度，及时、全额收取新增建设用地的有偿税费，促进土地使用者珍惜土地，合理利用土地。

第三，反馈与修正。我国正处于经济社会飞速发展的阶段，土地市场的运行在不断完善，土地利用的各种环境因素也在发展与变化，因此在实施土地规划的过程中，要全方位、多层面地对规划执行情况进行动态检测，及时获取各种反馈信息。要对土地使用过程中出现的偏差给予纠正，并且对不合理的土地管理规划进行调整，根据社会经济发展的实际情况，从长远着眼，对土地管理规划进行修订和完善，调整土地利用计划，保证土地使用年度计划与中、长期计划相符，按照预定的轨道推进规划的顺利实施。

第四，监督机制。各级政府应当成立一个相对独立的机构，对土地规划的实施进行监督与管理，并赋予其监督查处土地违法行为的权力。应当动员和鼓励社会公众监督土地规划的实施情况，将土地规划的执行置于公众的监督之下。监督机构应当在相应的范围内将监督情况进行公开，表彰和奖励遵纪守法的人员，同时按照规定处罚不遵守土地规划的人员，并向公众公开。

第五，建立评价机制。在区域发展过程中，土地利用规划是否发挥了作用，成效如何，都会影响到社会建制中土地利用规划的地位与作用，而且也会影响到社会公众对土地利用规划的重视程度。通过客观分析土地利用规划的效益、影响、社会认同、执行情况、目标等，可对规划的实施过程及结果进行全面的检讨，对现有规划的实施效果与过程进行有效的监督与检测，并据此反馈相关信息，为规划的设计与运作提出调整和修订的意见与建议，将土地利用规划的具体运作纳入良性循环。

第六，建立责任追究制。在实际的城市建设过程中，经常会出现已经建成的项目突破规划指标的情况，对于这些违规行为，规划部门无法采取坚决的措施给予纠正，只能作为信息传达者，"申请"强制执行，如此就可能导致违法者以极低的违法风险获取极高的违法收益，并提高执法成本。规划则逐渐失去了本应有的权威性和严肃性，因此目前亟须建立土地违规行为的追责机制。责任追究的主体不仅包括机构，也应包括个人，如行政主管部门、企业、技术人员及个人等，不论是哪个环节、哪些人违反了土地规划，都必须承担相应的违法责任，谁违反，谁承担，谁补偿。

第七，建立完善的激励机制。激励机制包括多个类型，如精神与物质的激励、正向和反向激励、多重与单一激励、差别与同等激励等。在全社会树立起遵守土地规划的意识是激励的最终目的。要根据考核结果采取相应的激励措施，因此要建立起有针对性的、可操作性强的考核体系，全面、公正、准确地对规划的实施情况进行考核，并在此基础上对表现突出的单位与个人给予激励。

第八，建立补耕地、造耕地的检查与验收机制。因为土地的总量是固定不变的，而我们所处的社会正处于快速发展的阶段，所以要想促进经济社会的发展，就必须建设一些基础设施和项目，这个过程就会涉及耕地占用问题，目前部分耕地存在"占的多、补的少"，占用优质耕地，补充劣质耕地的现象。因此，要努力保持耕地数量的平衡性，建立起相关的督查机制，做好对耕地补划成果的检查与验收，保证耕地的质量达到基本的平衡。

在执行耕地补划核查验收制度时，要保证补充耕地的相关制度得到落实。无论是单位还是个人，只要占用了耕地，就必须开垦出与所占耕地质量与数量相当的新耕地，制定完善的补充耕地的方案报请审批，补充耕地的面积、所在地、资金投入、开垦时限都要清晰、明确，在未拿出耕地补垦方案之前，不给予任何项目的耕地占用审批。未能完成耕地补充开垦的项目，一经发现，立即停止农用地的转用审批。相关部门要严格监督新开垦耕地的质量与数量，达到标准的给予审批，未达到标准的责成项目实施方继续补造。要给占地项目限定相应的补造期，在此期限内未按照规定的数量与质量完成补造的，要给予相应的处罚。

## （二）土地利用总体规划保障体系

### 1. 法律保障措施

实现土地管理目标、优化土地配置需要制定严格的法律、法规以对土地利用总体规划的实施情况进行监督和管理。从社会管理、社会治理到法治社会的演进是法治中国一体化建设的重要内容。所以，土地规划实施管理保障体系的一个重要功能就是提供具有较强操作性的法律保障。目前，我国土地利用总体规划的相关立法还未完全独立，现有的法律法规中涉及土地规划的内容还不够全面和深入，规划实行过程还不能充分体现出规划的战略性、控制性和严肃性，规划的实施尚未达到预期效果。

涉及土地利用总体规划实施的法律保障包括以下两个层面：第一，涉及国家与土地的政策措施及法律法规，包括目前国家其他的法律法规，这些法律法规是实施土地规划的依据，也是建立较为完整的规划实施法律保障体系的基础；第二，要以国家的法律为基准，结合地方实际情况建立起相关的土地配套法规，如一些规划办法或条例，为了保证规划得以落实，要明确规划的实施单位，制定管理程序，对实施效果做出评价，对规划的不合理部分做出调整，对实施情况进行监督，对违法行为采取强制措施等。

## 2. 社会保障措施

土地规划的编制与实施应该有很高的透明度，在规划编制及实施的各个阶段，社会公众都应有知情权，有权参与其中，并且进行监督，在这种情况下制定的规划才能够从公众的利益出发，较充分地反映出土地利用过程中的各种价值取向，对各种利益关系做出有效的调节。只有这样，才能保证规划方案的顺利实施。当一个国家的市场经济较为发达时，公众参与土地规划的制定及监督的各项机制也会较为完善。我国较晚开始对土地规划进行立法，规划概念的形成时间也不长，各项制度正在逐步完善中。在土地利用总体规划实施管理保障体系中，社会层面的监督与管理要贯穿规划编制、修订、实施的全过程。在进行体系设计时，社会监督保障主要由三种制度组成：一是规划公众参与制度，二是公示制度，三是管理公开制度。土地利用系统隶属自然经济社会复合系统，它复杂而庞大，在规划决策及实施的过程中会涉及诸多因素，需要对各种关系进行协调，所以如果仅凭政府和规划编制者的经验、能力及智慧是远远不够的。它需要建立起公众广泛参与的制度，也就是要在规划中明确规定公众的权益与职责，还要对公众参与规划的途径与渠道加以明确，广泛征求意见与建议，集思广益，将社会上的各种需求准确地汇集起来，协调好土地使用过程中整体利益与个体利益之间的关系，避免出现决策上的失误。

## 3. 经济保障措施

土地资源的保护及规划的实施既需要市场的作用，也需要政府的作用。我国已经初步建立社会主义市场经济体制，要根据经济规律制定和实施土地利用规划，将社会的整体利益、政府的规划意图与积极的经济手段相结合。在此管理体系中，要根据客观经济规律，利用经济杠杆的作用，结合奖金、税费、罚款、价格等经济手段，对土地资源的需求与供应做出调节，对土地利用规划进行管理。要结合不同地区的实际、不同阶段的实际制定相应的土地利用规划政策，如土地收益分配、土地收购储备、土地税费收缴、土地使用改革等政策。

## 4. 技术保障措施

技术保障措施有着十分广泛的内容，涉及土地规划的监测、土地标准化建设、信息化建设、理论和方法研究、效果评价等。上述各个方面不仅会影响当前的规划实施，还会在很大程度上决定土地规划的长远发展，它属于土地利用规划的基础性保障与管理。国家的土地利用规划实施情况通常用遥感（RS）技术来监测，效果较为显著。在修编土地规划的过程中，应当建立起完善的规划动态遥感监测制度，将遥感监测的范围进一步扩大，不仅要对规划的实施情况进行快速监测，而且要持续进行跟踪管理，以此为依据进行执法检查。与此同时，在实施规划的过程中，应当借鉴当今国际上先进的科技手段，建立健全土地利用规划的相关管理信息系统，为规划的编制及实施发挥辅助作用。

**5. 行政管理与制度保障措施**

土地利用规划实施保障体系要有行政管理方面的保障机制，而实现这一机制的前提是实现规范化的管理。首先，要依法行政，也就是说规划的实施及管理都要以法律法规和行政规章为依据，不得违反上述法律法规和规章。其次，在规划实施的过程中，要建立起完善的管理制度。目前在我国土地利用总体规划的实施中，发挥作用的制度主要为以下三项：一是土地利用年度计划管理制度，二是建设项目用地预审制度，三是土地利用规划审查制度。最后，要有更加有效的规划决策和管理机构。土地管理的主体包括中央和地方的各级土地行政管理机关。

# 第二节　土地利用专项规划与土地保护规划

## 一、土地利用专项规划

所谓土地利用专项规划，是指为某一种土地利用措施或某一特定的用地类型编制的规划。土地利用的措施有土地开发、土地整理、土地复垦、土地保护和土地整治等；特定的用地类型有农用地中的耕地、园地、林地、牧草地、养殖水面，以及建设用地中的城镇、农村居民点、独立工矿用地、交通用地、水利工程用地等地类。在各类用地中还有一些复合用地类型，如小流域综合治理、土地生态环境建设用地、风景名胜区、自然风景区、旅游用地等。

从土地利用专项规划的概念来看，土地利用专项规划与土地利用总体规划的关系为：土地利用专项规划是实现土地利用总体规划的重要技术措施，但不能代替区域土地利用总体规划对土地利用行使宏观控制、协调、综合平衡等统一管理的职能。在同一个区域范围内，土地利用总体规划是编制土地利用专项规划的重要依据。土地利用专项规划应在区域土地利用总体规划的指导下，根据区域土地利用的突出地类或某项技术管理措施编制。例如，根据我国人多、耕地少的特征，全国各级政府都编制了基本农田保护规划，这是针对耕地的保护性专项规划。

## （一）土地利用专项规划的重要性质

第一，土地利用专项规划具有宏观控制性。土地利用专项规划是针对某种土地利用措施或某一特定用地类型进行的规划。它的功能是把土地利用总体规划的一系列综合措施逐条细化，或是对某一特定用地类型的具体结构和布局进行详细规划，达到突出土地利用总体规划中某些内容的目的，便于操作和实施。这种详细的规划是从长期的和宏观控制的角度进行的。例如，在编制土地利用总体规划的同时，编制该区域的基本农田保护规划。围绕保护耕地这一核心内容，基本农田保护规划比土地利用总体规划要具体得多，制定的各种措施更便于操作和实施。但是这种规划仍然是从辖区整体、长期规划角度安排其结构与布局的，并不能代替基本农田保护规划。因此，这种规划仍然是长期的宏观控制性规划。

第二，土地利用专项规划具有整体性。虽然土地利用专项规划是针对某一措施、某一地类进行的规划，但它仍然是在全辖区大空间上进行的规划，其规划期限是长期的，所采用的一些措施也是相对宏观的，即在时间、空间和可操作性上都属于一个整体性的规划。例如，编制一个辖区的土地开发整理规划，它涉及的内容包括全区内土地开发整理的方方面面。所以，土地利用专项规划是一个整体性规划。

第三，土地利用专项规划具有可操作性。与土地利用总体规划相比，土地利用专项规划在制定某一措施或某一特定用地类型规划时，其内容单

一、任务单一，因此规划的实施措施更为具体、详细，比土地利用总体规划更具可操作性，这也是编制土地利用专项规划的目的。

第四，土地利用专项规划具有针对性。它是针对土地利用的某一项措施编制的专项规划，所以要对土地利用的措施进行具体部署和安排，其规划内容具有更强的针对性。土地的利用措施主要有开发、整理、保护、复垦和整治，这些专项规划就是针对单一措施实行的专门规划，是对土地利用总体规划中关于这些措施的具体化的规划。

土地利用专项规划一般应在土地利用总体规划之后编制，即在土地利用总体规划对区域全部土地的开发、利用、整治、保护做出全面的、战略的安排后，再对专项用地进行深入、详细的规划。这样既保证了区域土地利用规划的整体部署，又能更好地维护土地利用的局部安排。土地利用专项规划的编制应着眼于区域总体的土地利用，切不可片面追求局部利益而忽视整体利益。

## （二）土地利用专项规划的类别

土地利用专项规划可按土地利用的措施分为以下三类：

第一，按土地利用措施类型分类，土地利用专项规划可分为土地开发规划、土地复垦规划、土地整理规划、土地保护规划、土地整治规划等。

第二，按某一用地类分类，土地利用专项规划可分为农业用地中耕地、园地、林地、牧草地和养殖水面的用地规划，建设用地中城镇、农村居民点、交通用地、水利工程用地规划。

第三，按复合用地类型分类。复合用地的专项规划是指一些特殊用地方式的规划，如土地生态环境整治规划、风景名胜区规划、自然保护区规划、旅游用地规划等。

编制土地利用专项规划是落实土地利用总体规划的要求，是对农业用地的开发、整理、保护、整治等进行的详细规划；建设用地类则要根据土地利用总体规划划定的专项建设用地的空间布局，由建设部门编制规划范围内的专项用地规划；一些复合用地的专项规划要与当地有关部门共同商定。国土资源部门负责编制土地利用专项措施的专项规划，就是把土地利用总体规划中土地的开发、整理、复垦、保护和整治的任务按照行政区划的范围，根据土地开发、整理、复垦、保护和整治的任务大小，分层次划定规模不等的具体项目，然后根据轻重缓急有计划地逐步进行开发、整理、复垦和整治。

## （三）土地利用专项规划的主要目的

土地利用专项规划的主要目的就是通过编制土地利用专项规划，进一步落实土地利用总体规划的目标和内容，如在土地利用总体规划中制定土地的利用、开发、保护、整理、复垦和整治的目标和内容，再编制各种专项规划使这些目标和内容进一步细化，便于操作，确保总体规划的目标和内容落实。关于土地利用专项规划的具体目的有以下四个方面：

第一，提高土地利用的程度和效益。对土地开发、整理、复垦和整治的目的包括：一是提高土地利用的程度，如土地开发就是直接增加土地利用率的有力措施，特别是对未利用土地的开发，把未利用的土地开发变为可利用的土地，增加了可利用土地的面积。无论是开发为农用地，还是开发为建设用地，都将为人类创造更多的物质财富和生存空间。二是增加土地的产出效益，通过开发、整理、复垦和整治，增加土地利用的有效面积和产出率，改善土地利用的条件，产生良好的经济效益与社会效益。

第二，增加有效耕地面积。我国人口多、人均耕地少，开发、整理、复垦和整治土地将会有效增加耕地的面积。土地开发主要是开垦耕地，土地整理的重要任务是增加耕地，土地复垦是要因地制异地以复垦耕地为主，土地的整治在很大程度上保护了耕地，可直接或间接地增加耕地。

第三，提高耕地的质量。土地整理、整治的目的就是改善耕地的利用条件，对耕地进行保护。土地整理是对田、水、路、林、电、村进行综合整治，改善耕地的生产条件，增加耕地的有效面积和产出率；土地整治是针对土地存在的一些危害现象所采取的生物和工程措施，目的是保护土地不受侵害，保护耕地的质量。总之，土地整理和土地整治的核心目的就是提高耕地的质量。

第四，改善土地利用的生态环境。土地的开发、整理、复垦和整治不仅提高了土地利用率，保护了耕地质量，还将改善土地利用的环境条件，促进土地生态建设的有利发展。土地环境条件和生态建设的发展将有力地促进土地利用的良性发展，改善人的生存环境，促进社会经济快速、稳定增长，为人类社会的发展创造更多的物质财富。

## （四）土地利用专项规划的基本程序

土地利用专项规划的程序是指土地开发、整理、复垦、整治规划的编制过程。一般的程序应有以下环节：

第一，土地开发、整理、复垦、整治的现状分析。土地利用专项规划的现状分析包括土地利用总体规划所明确的任务和目标，区域土地开发、整理、复垦、整治的资源调查与评价，区域土地开发、整理、复垦、整治的条件分析，分析研究土地开发、整理、复垦、整治的潜力与问题，制定土地开发、整理、复垦、整治的目标与方针，针对问题和制约因素制定土地开发、整理、复垦、整治的措施与对策。

第二，土地开发、整理、复垦、整治的技术可行性分析。所谓土地开发、整理、复垦、整治的技术可行性分析，是指对土地开发、整理、复垦、整治所采取的技术手段，是实现土地开发、整理、复垦、整治目的的技术保障。这些专项规划也是一个系统工程，应用的技术往往是综合性的技术，不是单一技术可完成的，因此要通过技术可行性分析，对多部门协同作战进行部署和安排。

第三，土地开发、整理、复垦、整治的经济可行性分析。土地开发、整理、复垦、整治的经济可行性分析是指在编制专项规划时，要有对土地开发、整理、复垦、整治的投入产出的基本分析，目的是明确采取这些措施的经济成本，为安排专项规划项目提供确切的具体目标，作为项目安排的依据。

第四，土地开发、整理、复垦、整治的规划方案。土地开发、整理、复垦、整治的规划方案是在现状分析，土地开发、整理、复垦、整治的潜力与问题分析，技术和经济的可行性分析的基础上做出的具体部署和安排，统一规划土地开发、整理、复垦、整治的内容，形成更详细的土地开发、整理、复垦、整治的措施办法，保障土地开发、整理、复垦、整治的内容得以落实。

第五，土地开发、整理、复垦、整治规划的论证和审批。土地开发、整理、复垦、整治的规划方案制定后，要经过上级主管部门和相关专家的评审，在符合上级同样规划的内容和与之相衔接的基础上，将其作为本区域的专项规划。规划方案通过论证后要进行修订，整理成正式成果上报给上级主管部门审批，批准后方可实施。

第六，土地开发、整理、复垦、整治规划的实施措施。土地开发、整理、复垦、整治规划的实施是编制专项规划的目的。为了使土地利用专项规划得以实施，要制定相关的措施和办法。根据不同的专项规划制定不同的具体措施，目标就是使专项规划的内容和目标变成现实。

# 二、土地保护规划

土地保护规划为土地利用总体规划的一项专项规划。保护是指使某些东西延续或者保持原样。土地保护是人们对土地利用的一种方式，是为了防止人们在生产活动中采用不合理的利用方式，导致土地退化、水土流失、土地污染等，所采取的政策、法律和经济手段等一系列措施。《中华人民共和国土地管理法》第三十五条明确了土地保护的内容：各级人民政府应当采取措施，维护排灌工程设施，改良土壤、提高地力，防止土地沙漠化、盐渍化、水土流失和污染。

## （一）我国土地资源情况及其保护任务

保护土地资源、保障土地资源的可持续利用，已成为当今世界上一个共同的战略目标，它是影响人类经济社会发展的重大问题，其目的是缓和日益尖锐的人地矛盾。在我国，土地保护更为迫切。我国是世界上的人口大国，人地矛盾较为突出。在土地利用方面，我国也是世界上土地资源破坏较严重的国家之一，必须引起高度重视。

### 1. 我国土地资源情况

（1）土地沙漠化。我国沙漠和沙漠化地区主要分布在农牧交错带，土地面积约有 153.3 万 km²，约占国土面积的 15.9%。由于土地利用不合理，土地沙漠化面积日益增大。

（2）土地盐渍化。我国盐碱化土地面积相对较大，主要分布在西北地区、东北地区、黄淮海平原和黄土高原。由于人为灌溉方式不当，次生盐渍化现象有扩大的趋势。例如，河套平原盐碱化面积不断扩大，已开垦的耕地近 1/3 因盐碱化而撂荒。

（3）土地污染。土地污染是我国土地利用中的严重问题。其主要表现为：一是工业"三废"污染，尤其是我国东部地区，城市工业区密集，工业的污染物严重污染了高质量的耕地。据不完全统计，我国耕地被污染的面积达 10% 以上。二是水资源污染，我国的江河湖海污染状况很严重，东部地区许多河流、湖泊因污染成为鱼虾绝迹的"死水"。污水灌溉使农产品品质下降，污水中残留有害物质会通过农产品摄入人体危害人体健康。近年来，沿海地区不断发生"赤潮"，造成鱼虾大量死亡。三是农业生产中大量施用化肥、农药，由于缺乏科学配比，化肥的作用降低，农药在土壤中的残留严重超标，我国农产品在国际市场上没有竞争力。

综上所述，不难看出我国土地利用中人为带来的问题严重，且分布广泛，值得高度重视。土地保护成为土地利用中一项艰巨的任务。因此，各地在编制土地利用总体规划时，因地制宜是十分必要的。

**2. 具体保护任务**

（1）保护质量高、经济效益好、社会价值大的耕地、林地、牧草地等农用地，稳定土地的生产力和产出率。

（2）保护土地自然生态环境及人工生态环境，提高土地生态环境质量，为土地利用建立良好的生态环境。

（3）保护具有特殊经济价值及生态价值的土地资源，如土特产基地、特殊生态圈、名胜古迹等。

## （二）土地保护的类型

土地保护按照性质可分为土地产权保护、土地用途保护、土地质量保护三种类型：

**1. 土地产权保护**

土地产权保护是依法对土地所有权、使用权及他项权利的保护。保护对象是土地所有者、使用者及他项权利拥有者的合法权益。我国实行的是土地公有制，即土地归国家所有或农民集体所有，保护土地所有者的权益，就是运用法律、经济等手段，使国家、集体的各项土地权益不受侵犯，维护国家、农民集体的土地所有者地位。保护经营、收益及相邻关系等各项权利，以便他们利用土地从事各项生产活动。例如，《中华人民共和国土地管理法》《基本农田保护条例》《中华人民共和国民法典》《中华人民共和国刑法》中增加了违法占用耕地的条款，这些都是保护土地使用权的具体法律法规。土地所有制、土地使用制度和土地登记制度，都是土地产权保护的主要制度。

**2. 土地用途保护**

土地用途保护是对某类用途土地的数量、质量及利用方式的保护，如基本农田保护、自然保护区保护、风景名胜区保护等。土地用途保护一是保证某种用途土地数量的稳定性，防止该类用地向其他用途流动或被不合理占用；二是保护该类用途土地的质量，即不仅要保护该类用途土地的数量，还应采取各种措施提高其地力；三是规定土地利用方式，限定土地利用行为，如自然保护区保护规划、水源地保护规划、三江源保护规划、长江上游水土保护规划等，都对上述区域内的土地利用行为做出了各种规定，以达到保护动植物资源、水源地的目的。

**3. 土地质量保护**

土地质量保护是通过改善土地生态系统中的个别因子，稳定和提高土地质量，既是保护土地，防止土地质量下降和生态环境恶化，又是土地整治，用于恢复地力，如水土流失地区的土地保护规划、小流域综合治理规划、"三北"防护林工程规划和农村的土地整理等，还是通过各种生物或工程措施，防止水土流失，稳定表土，恢复和提高土地的生产能力。风沙危害地区的土地保护是采取各种措施防风固沙，以减轻风沙对农田、居民区、交通线的危害，预防沙尘暴。土地质量保护是保护我国整体环境和加强生态文明建设的需求。

# 三、基本农田保护区规划

基本农田是指根据一定时期人口和国民经济对农产品的需求，以及对建设用地的预测而确定的长期不得占用的和基本农田规划期内不得占用的耕地。

基本农田保护区是指为对基本农田实行特殊保护而依照法定程序划定的区域。基本农田保护区规划就是基本农田保护区的划定，是指在土地利用总体规划指导下，根据当地的人口、经济建设发展情况，协调非农建设用地，切实保护耕地的一项措施。

下列耕地应当根据土地利用总体规划划入基本农田保护区，严格管理：①经国务院有关主管部门或者县级以上地方人民政府批准的粮、棉、油生产基地内的耕地；②有良好的水利与水土保持设施的耕地，正在实施改造计划，以及可以改造的中、低产田；③蔬菜生产基地；④农业科研、教学试验田；⑤国务院规定应当划入基本农田的其他耕地。

各省、自治区、直辖市划定的基本农田，当占本行政区域内耕地的80%以上。

## （一）基本农田保护区规划的原则

### 1. 坚持"一要吃饭，二要建设，三要生态"的原则

基本农田保护区规划是在充分考虑到规划年人口数量、耕地数量及作物单产水平的前提下，以实现国民经济与社会发展的战略目标为依据，确定基本农田的保护面积。在此前提下，各类建设用地本着"能占荒地就不占耕地，能占次地就不占好地"的原则，合理安排非农业建设用地，以促进国民经济全面、协调、高速发展。

### 2. 基本农田保护区规划要与土地利用总体规划相衔接的原则

基本农田保护区规划是土地利用总体规划下的一项实施性专项规划，是强化土地管理的一项重要措施，该规划的目的主要是保护好现有耕地。因此，基本农田保护区规划从保护范围、保护面积、界限的确定、控制指标的乡级分配，到保护片块的具体落实，以及保护措施的制定，都要与总体规划的内容相衔接，与其他各类用地规划相协调。基本农田保护区规划既稳定了一定面积的耕地，又兼顾了社会的其他需求；既考虑了增加农业发展后劲，又注重了国民经济各部门的协调发展。只有这样才能保证总体规划和保护区规划同步实施。

**3. 坚持因地制宜、突出重点的原则**

基本农田保护区规划要在充分认识辖区自然环境、资源条件及社会经济发展状况的基础上，根据土地资源的数量、质量、开发潜力及其空间差异情况，以及人口增长和社会经济发展对土地资源的客观需求，确定保护对象、保护面积及空间分配。对水利条件好、土壤肥力高、生产能力强的高产稳产农田要优先保护、重点保护。

**4. 坚持注重落实的原则**

基本农田保护区规划的主要目的是稳定耕地面积，切实保护耕地。要实现这一目的，必须把讲求实效、注重落实作为编制基本农田保护区规划的出发点和归宿。为此，必须把基本农田保护区规划指标自上而下逐级分解到乡镇和村庄，落实到地块，并建立保护片块档案，设立保护区标志，制定保护制度，明确专人负责等措施，以保障保护区规划的实施。

**5. 坚持保护与建设相结合的原则**

耕地是农业生产的基本生产资料，农业生产的持续稳定高速发展，不仅需要稳定一定数量的耕地面积，而且需要不断提高耕地的质量和生产能力。为此，建立基本农田保护区既要保证耕地的数量，又要搞好保护区的基本农田建设，建立地力补偿制度，增加对土地的投入，不断培肥地力，使土地的潜在生产力得到充分发挥，以使有限的土地资源满足人们因人口增加和生活水平提高而对农产品日益增长的需要。

## （二）基本农田保护区规划的程序

编制基本农田保护区规划的程序包括以下基本步骤。

**1. 准备工作**

基本农田保护区规划的准备工作主要包括成立组织、思想动员、制订计划、物质准备和业务培训五个方面。

（1）成立组织。要成立规划工作领导小组和规划专业技术组两个班子。规划工作领导小组由当地政府组织建立，由土地管理部门、农业部门及其他有关部门的负责人组成，主要负责规划工作的领导和协调。规划专业技术组主要由土地管理部门和农业部门的技术人员组成，负责收集整理资料、编制规划方案。乡级基本农田保护区规划由乡级人民政府组织领导小组，由土地管理、农业专业技术人员组成专业技术组，在县级专业技术组的指导下编制基本农田保护区规划。

（2）思想动员。基本农田保护区规划是一项涉及面较广又具有重要意义的工作。规划时要采取多种形式，对有关用地部门、基层干部及群众做好宣传工作，使他们认清开展基本农田保护区规划的重要性和必要性，提高各部门及广大干群对制定和贯彻实施基本农田保护区规划的自觉性和责任感。

（3）制订计划。基本农田保护区规划是一项工作程序比较复杂的工作。因此，必须事先制订好工作计划，对规划阶段的工作内容、规划工作进程、规划完成时间等做出安排，同时要明确规划的任务和规划年限等。基本农田保护区的规划年限一般应与土地利用总体规划的规划年限或规划地区国民经济和社会发展规划的规划年限相一致。

（4）物质准备。物质准备不仅要落实必要的经费，还要收集规划必需的技术资料和图件，包括土地利用现状调查资料、土地评价资料、土地利用总体规划、农业区划、城镇及村镇规划、社会经济发展规划资料和地形图等。同时，要准备好规划用的各种仪器、表格及其他用具等。

（5）业务培训。对各有关部门下级规划单位中协助收集资料、参与规划方案的编制、负责联络的人员进行业务培训。

**2. 调查研究**

调查内容：一是规划地区的自然和社会经济状况调查；二是对农作物分布及耕地分布和利用方式的调查，主要包括耕地数量及其分布，国家确认的粮、棉、油和名、优、特、新生产基地，已列入治理改造计划的中低产田，已在规划中确认的蔬菜基地及农科教试验田的数量和分布；三是对农业生产水平、不同区域、不同地块耕地状况及生产能力的调查。

调查方法：一是直接向有关部门收集资料，如上述第一类资料的收集；二是实地踏勘，以已掌握资料为基础，实地调查核实；三是看图说话，室内分析，即在对各地块基本状况进行调查时，可利用土地利用现状图，邀请熟悉情况的基层人员在室内看图说话，逐地块填写外业调查表，在室内搞不清的，再到现场对照。

**3. 分析预测**

分析预测以调查研究为基础，以社会经济发展的要求为依据。预测的内容包括规划年人口发展规模、各类农产品需求量、主要农作物单产水平、建设用地需求量及基本农田保护面积。基本农田保护应在建设用地规划区外进行划定。

（1）规划年人口发展规模预测。规划年人口发展规模预测可直接采用人口普查法的预测结果。基本农田保护区规划与土地利用总体规划同步编制时，可采用总体规划的预测结果。单独编制基本农田保护区规划时，人口预测可采用自然增长法。

（2）各类农产品需求量预测。各类农产品需求量预测主要包括粮、棉、油、菜及其他农产品在规划区内生活消费量和商品量预测。预测农产品需求量时，不仅要保障农产品的自给自足，同时要考虑农产品加工、转化和市场需求的不断增加。

（3）农作物单产水平预测。农作物单产水平预测要分类预测各类农作物的单产水平，其方法可采用一元线性回归法或趋势增长法。

（4）建设用地需求量预测。建设用地需求量预测就是依据某地区多年的建设用地相关资料、人口环境资料、经济资料等，借助一定的预测方法对该地区未来一定时期内各类建设用地的规模及其动态变化进行预测。其主要包括居民点用地需求量、水利工程用地需求量、公路工程用地需求量的预测，其方法可采用趋势预测法或回归预测法。

（5）基本农田保护区面积计算。根据以上各项预测结果，计算基本农田保护区面积。先计算规划区内生活消费农产品所需农田面积，后计算生产农产品的农田面积。通过计算区域基本农田保护面积，确定总体保护规模，并制定把保护面积划分到下一级单位的具体保护任务表，把基本农田保护的任务落实到乡镇、村庄。

## （三）基本农田保护区规划的方案

编制基本农田保护区规划应采用上下结合、部门协调的方法进行。所谓上下结合，就是指编制本级基本农田保护区规划时，应把规划控制指标层层下达，再层层反馈，最终形成规划方案。所谓部门协调，就是指要以土地管理部门和农业主管部门为主提出规划目标和基本农田控制指标，同时要兼顾各建设部门的用地需求，尤其要做好与城镇、村镇建设主管部门的协调工作。编制基本农田保护区规划的方案，包括明确规划目标、确定基本农田保护面积、基本农田保护面积指标的分解下达等内容。

**1. 确定基本农田保护区目标**

基本农田保护目标应在基本农田需求量预测、建设用地需求量预测、规划年内农业用地结构调整分析及上级规划分解下达到本地区的基本农田保护面积指标的基础上，由土地管理部门和农业部门提出，再与各有关用地部门充分协商，取得一致意见后，形成文字材料交政府审核，获得通过后，基本农田保护目标即确定。基本农田保护目标的内容主要包括基本农田保护面积、保护对象、基本农田质量保护目标等。

**2. 确定基本农田保护区面积**

第一，基本农田保护区面积的初步确定。确定基本农田保护面积应考虑的因素包括基本农田需求量预测结果、建设用地需求量、保护对象的实地分布和数量、规划地区的耕地条件及上级规划分解下达的基本农田保护面积指标等。把确定的基本农田保护区面积与规划期内城镇、村镇、交通、水利等建设占用耕地量进行对照分析，有矛盾的协商调整。这样基本农田保护区面积即基本确定。确定基本农田保护面积时，不仅要考虑规划期内基本农田的需求量，还要充分考虑本地区人口高峰年的基本农田需求量，把基本农田保护区规划的近期目标和长远目标结合起来。

第二，基本农田保护区面积核实。基本农田保护区面积确定后要进行核实。核实可从两方面进行：一是利用土地利用现状图和面积统计资料、土地评价资料及已有的社会经济资料，对保护面积进行图上核实；二是把初步确定的面积分解下达到下级规划单位核实，由下级规划单位根据各地情况提出反馈意见，在综合各地反馈意见的基础上对初步确定的保护面积进行修改，得到基本农田保护的规划面积。

规划乡级基本农田保护区时，可把农田保护面积核实与划区工作同步进行，这样可以一步到位。

**3. 基本农田保护面积指标分解**

基本农田保护面积确定后，要根据下级规划单位的耕地条件、产量水平及经济发展的要求，把基本农田保护面积指标分解下达到各下级规划单位，以保证基本田保护面积的落实。指标分解时，要编制基本农田保护面积指标分解表。乡级基本农田保护区规划要根据各村的具体条件，把农田保护面积指标下达到村，落实到地块。

**4. 制定基本农田保护区规划实施的政策措施**

基本农田保护区规划方案编制完成以后，要为规划实施提出相应的政策措施。这些政策措施包括严格执行占用基本农田的审批制度、基本农田损失补偿制度、基本农田的地力保养和环境保护制度和基本农田保护区的监督检查制度等。

**5. 基本农田保护区规划成果资料的编制**

基本农田保护区规划编制完成后，应提交的主要成果资料包括基本农田保护区规划(文件)、基本农田保护区规划图、基本农田保护区规划说明和技术总结。

(1) 基本农田保护区规划(文件)的编制。该规划文件的内容主要包括：①规划地区的自然和社会经济概况；②规划地区耕地资源状况，耕地利用的历史变化和现状分析；③规划地区规划年人口发展、农产品需求、单产水平的预测成果，各项建设用地占用耕地数量的分析预测结果；④基本农田保护区规划目标；⑤基本农田保护面积；⑥基本农田保护面积指标分解；⑦实施规划的政策措施。

编制规划文件的主要内容是编制不同规划表、包括基本农田保护面积规划表、基本农田保护面积指标分解表、基本农田保护区保护地登记表。其中，基本农田保护面积规划表是规划指标的全面反映。其内容主要包括保护总面积、各类基本农田保护面积、一级和二级基本农田面积、保护比例等。基本农田保护面积指标分解表是把规划的保护总面积、各类基本农田保护面积分解下达到各下级规划单位(乡级规划下达到村)的综合表现。它是基本农田保护区规划从宏观向微观深入的表现，也是实施规划的控制依据，其内容主要包括各下级规划单位(或村)的基本农田保护面积、分类面积、保护比例等。基本农田保护区保护地块登记表主要是编制乡级规划时，逐村填写的表格，基本内容经村填写后由乡(镇)整理完成，主要内容包括地块利用状况、面积、位置、肥力状况、生产力水平等。由于我国地域辽阔，地区差异明显，因此表格的编制和填写要求各地可根据具体情况确定。

(2) 基本农田保护区规划图的编制。基本农田保护区规划图一般在土地利用现状图的基础上编制，各级规划的规划图比例尺可与现状图比例尺保持一致。基本农田保护区规划图的内容主要是各类基本农田保护区及主要地形地物、主要居民点、行政界线、权属界线等。编制规划图时，可先在土地利用现状图上确定各类基本农田保护区界线，然后把分区界线及主要地形地物、居民点等要素透绘到底图上，之后用不同颜色把各类基本农田保护区区分开，再用 $I$、$n$ 注记基本农田等级，此外，还可以对基本农田保护区的保护片块进行统一编号，最后进行整饰，即得基本农田保护区规划图。

（3）基本农田保护区规划说明和技术总结的编制。基本农田保护区规划说明的内容包括地区自然、社会经济条件概况，进行基本农田保护区规划的意义，规划的指导思想、基本原则和技术要求，各项调查研究、分析预测的方法和结果，规划目标的确定，保护面积的确定，分解的方法步骤，规划图的编制方法等。技术总结着重说明规划过程应掌握的技术要点、新方法的应用、难点的处理等。

## （四）基本农田保护区规划的措施

### 1. 实地划定基本农田保护区界线

实地划区定界就是根据规划图及规划确定的保护面积指标，实地定出基本农田保护界线，确定保护范围，并在保护区界线上设立保护标志。划区定界是把各项指标落实到实地的过程，因此应严格按照规划方案和规划图的要求进行。为处理好划定基本农田保护区与城镇、村镇建设用地的关系，在确定居民点附近基本农田保护区与城镇、村镇建设用地的关系和居民点附近基本农田保护区界线时，可先确定城镇、村庄、集镇的建设用地范围，城镇、村镇已有规划的，以规划区界线为依据，采用反推法划定基本农田保护区界线。基本农田保护区界线划定后，可以乡（镇）或村为单位，检查实地划定的保护面积与规划面积是否一致，不一致的，需对保护区界线进行调查；无法调整的，可对规划做相应的修改。

### 2. 加强基本农田保护区的管理

（1）严禁随意改变基本农田保护区内基本农田的用途。一方面，基本农田保护区内的基本农田主要为粮、棉、油、菜及名、优、特、新产品用地。农业用地结构调整时，不得将耕地改作果、桑、茶、林、渔用地。另一方面，保护区一般不得从事各项非农业建设，尤其是占用保护区内耕地建房、建厂。国家能源、交通、水利等重点建设项目选址确实无法避开基本农田保护区，需占用保护区内耕地的，要同时得到土地管理部门及农业部门的同意，并严格按法定程序审批。其中占用基本农田超过 1 亩的，必须报国务院批准。

（2）加强基本农田保护区内基本农田的建设。基本农田保护区要搞好农田水利、水土保持等农田基本建设，鼓励集体和个人增加投入，建立土壤肥力的定期评价制度，制止撂荒及人为降低土壤肥力的做法。

（3）加强检查监督。各级人民政府每年要对基本农田保护区的保护、管理和建设情况进行一次全面检查。乡（镇）级检查时要核实到每个保护地块，核查保护范围、面积和用途有无变化，并将检查情况向上一级人民政府做出书面汇报。

# 四、自然保护区规划

## （一）自然保护区的重要意义

自然保护区是指国家为了保护自然资源、改善自然环境、开展科学研究等方面的需要，对具有代表性的不同自然地带的环境和生态系统、珍贵稀有动物栖息生长地、其他自然历史遗址和重要的水源地等划出界线，并加以特别保护的自然地域。目前，我国的自然保护区的保护规划由环保部门负责编制。建立自然保护区的意义主要有三个方面：

第一，建立自然保护区是保护稀有动植物及特殊生态系统的需要。建立自然保护区可以使稀有动植物得以保护、恢复、发展、引种和繁育，为这些动植物提供良好的生活环境。建立自然保护区，采用各种保护措施，可以使特殊生态系统得到保护，为人类认识自然、了解自然提供条件。

第二，建立自然保护区是保护环境的要求。建立自然保护区可以有效地制止乱占滥用、乱砍滥伐、乱捕滥杀，防止空气和水资源污染，有效地保护人类赖以生存的环境。

第三，建立自然保护区是更好地开展科研、教学的需要，也为旅游、资源开发提供了基地。

## （二）自然保护区的主要类型

自然保护区按照保护对象和任务的不同可分为六类。

**1. 生态系统自然保护区**

它是典型的、有代表性的自然生态系统及其生物、非生物资源的保护区，如吉林长白山自然保护区、云南西双版纳热带雨林自然保护区等。

**2. 珍贵林木及其他植被自然保护区**

它是珍贵植物资源及有特殊效益或价值的植被的保护区，如金佛山的银杉保护区等。

**3. 野生动物自然保护区**

它是各种珍稀动物和其他有特殊价值的野生动物资源的保护区，如佛坪大熊猫保护区、可可西里的藏羚羊保护区等。

**4. 森林公园保护区**

它是以保护自然风景为主的自然保护区，如四川九寨沟自然保护区。

**5. 自然历史遗址保护区**

它是一些特殊地质剖面、冰川遗迹、化石产地、瀑布、温泉等非生物资源形成的自然历史遗址的保护区，如黑龙江五大连池自然保护区。

**6. 水源涵养保护区**

它是对水源地进行特殊保护的区域，如在青藏高原建立的"三江源"自然保护区、在长江上游建立的水源涵养林保护区等。

## （三）自然保护区的保护原则

自然保护区一般分为核心区、边缘区和实验区。核心区是绝对保护区，要保持完好的原生状态。边缘区为缓冲区，分布在核心区的外围，此处可以进行科学实验和教学，但一般不允许开展旅游活动。实验区分布在缓冲区的外围，可以进行实验和教学，开展旅游活动等内容。一般自然保护区一经批准，就要根据当地的实际情况，编制自然保护区的保护规划，依据规划管理好自然保护区。自然保护区规划属于自然资源保护的重点内容，通过规划安排好保护区的建设，并制定保护的具体措施。

## （四）自然保护区规划的条件与步骤

**1. 选择自然保护区的条件**

其主要包括四个方面：一是典型性，能够代表不同类型的生态系统；二是特殊性，具有特殊物种或具有特殊价值；三是重要性，具有重要的科研价值；四是有较好的生态效益和经济价值。

**2. 自然保护区规划步骤**

自然保护区规划应以生物地理学原理为指导，尽量利用已有生物、地理、地质等调查资料和图件，其中植被图和植被分区图参考意义比较大。自然保护区规划步骤主要包括：①明确保护目标，确立保护对象；②划定保护范围和界线；③确定保护区内核心区、缓冲区、实验区的范围；④确定保护区等级；⑤制定保护措施和制度。

## （五）自然保护区的保护措施

自然保护区分为国家级保护区、地方级保护区，均由国土资源管理部门负责管理。自然保护区的土地必须加强管理和保护。遵照《中华人民共和国自然保护区条例》的规定，禁止在自然保护区内进行砍伐、放牧、狩猎、捕捞、采药、开垦、烧荒、开矿、采石、挖沙等活动，但不包括法律、行政法规允许范围之内的活动。

在自然保护区的核心区和缓冲区内，不允许建设任何非生产设施，不得建设污染环境、破坏资源或者景观的生产设施；被批准建设的项目，其排放的污染物不得超过国家规定的排放标准；已建成的项目，其污染排放物超过国家规定标准的要限期治理；对环境造成破坏的项目要采取补救措施。自然保护区范围外保护带的建设项目，也不得破坏保护区的环境，影响保护区的环境质量；对已建项目，有影响的要限期治理。

# 第三节　土地利用规划管理与信息系统的构建

## 一、土地利用规划管理

### （一）土地利用规划管理的方法

土地利用规划管理的方法有很多，概括起来可以分为行政方法、法治方法、经济方法、社会方法和科技方法。为了提高规划管理效能和管理水平，往往需要综合采用多种管理方法。

**1. 行政方法**

行政方法，就是依靠行政组织，运用权威性的行政手段，采用命令、指示、规定、制度、计划和标准等行政方式来组织、指挥、监督土地利用规划的编制、审批和实施的方法。行政方法是土地利用规划管理的一项基本方法，其优点是便于集中管理和及时贯彻执行，且有较强的针对性，手段比较灵活，同时也是实施其他管理方法的必要手段；其缺点是容易导致行政权力的滥用。行政方法的正确有效运用必须遵循行政合法性原则，即行政管理权的存在与行使必须依据法律、符合法律，不得与法律相抵触；也必须遵循行政合理性原则，即在法律没有规定或规定比较模糊的情况下，按照客观、适度的标准或对法律的合理解释采取必要的措施。

行政方法的有效施行必须有一套完善的管理制度。目前，我国土地利用规划实施管理的基本制度已经形成，其重点是三项制度：一是实行土地利用年度计划管理制度，即将土地利用总体规划确定的指标按年度分解实施，通过计划的执行，保证规划的实施；二是实行建设项目用地预审制度，即在建设项目可行性研究论证阶段，由土地行政主管部门根据土地利用总体规划进行审查，凡不符合规划的建设项目不得通过预审，土地行政主管部门不受理农用地转用和建设用地申请，从源头上控制不合理用地；

三是实行土地利用项目的规划审查制度，即根据土地利用总体规划审查农用地转用，土地征用，土地、整理、复垦、开发等各种土地利用项目，确保城乡建设、土地整理开发等各项土地利用活动符合土地利用总体规划，节约和合理利用土地。此外，针对行政方法的有效施行还建立了规划公告、规划备案、基本农田保护规划管理、城镇规划用地规模审核、规划信息管理、规划动态监测、规划执法检查等一系列管理制度。

**2. 法治方法**

法治方法，就是通过法律、法规、规章和种种具有强制性效力的规程及标准，规范土地利用规划制定和实施的行为，进行有效的管理。从世界范围来看，法治方法是土地利用规划管理最通行、最基本的方法。在发展社会主义市场经济和推进依法治国的重要历史时期，必须把规划法治建设作为加强土地利用规划管理的首要任务和根本措施。其具体包括：有法可依，即加强立法建设，完善土地利用规划管理的法律、法规和规章；执法必严，即严格执法，严格按照经批准的土地利用总体规划和有关法律法规审批、使用土地，切实维护法律和规划的严肃性；违法必究，即加强规划监督检查，加大对违反规划用地、批地和违法修改规划等违法行为的查处力度。

同时也要看到，法治方法适于处理管理中的共性问题，对某些特殊性、个性的问题则不完全适宜，而行政方法具有一定的灵活性，两种方法是相辅相成的关系。

**3. 经济方法**

经济方法，就是按照客观规律的要求，通过经济杠杆，运用价格、税费、奖金、罚款等经济手段来进行土地利用规划管理，促进规划的实施。由于在社会主义市场经济中客观存在国家与企业、企业与企业，以及劳动者个人之间的物质利益差异，要处理好各种物质利益关系，仅靠行政方法是不够的，还必须通过各种经济手段来处理。土地利用规划的实施要自觉运用经济机制，宏观调控手段和经济调节手段缺一不可。建立和完善土地利用的内在经济机制，把积极的经济手段与政府的规划意图、社会的整体利益结合起来，可高效、合理利用土地，推动规划的实施。

### 4. 社会方法

社会方法，就是发动社会大众参与规划的制定，监督和维护规划的实施。土地利用系统是一个庞大而复杂的社会经济生态系统，土地利用规划是一个复杂的系统工程，规划决策需要考虑多种因素，处理各种关系。通过公众参与，可以集思广益，比较准确地表达社会需求，减少决策失误。规划实施同样需要积极运用社会方法，通过规划的公布和管理的公开，可以促使政府部门公正执法，有效制约和避免各种违反规划行为的发生，有利于从源头上防治腐败，提高工作效率。

### 5. 科技方法

科技方法，就是运用科学的管理方法、先进的管理手段进行土地利用规划管理，提高管理效率和管理水平。目前在土地利用规划管理中应用较多的现代科学技术是"3S"技术，即遥感(RS)、地理信息系统(GIS)和全球定位系统(GPS)。通过大范围的遥感监测，能够实现对规划实施情况的快速监测与跟踪管理，并为规划执法检查和查处提供依据。运用地理信息技术，建立土地利用规划管理信息系统，在规划编制管理、土地利用计划管理和用地审批管理中也将发挥重要作用。全球定位技术监测精度更高，在规划核查上有广阔的应用前景。这些方法的应用丰富了土地利用规划管理手段，提高了规划管理的科技水平，也拓宽了土地利用规划的功能和作用。

## （二）土地利用规划的监督管理

规划监督是实施规划不可缺少的重要手段。监督的主要方式之一是执法检查，定期或不定期对土地利用规划的执行情况进行检查，对违反规划的行为依法严格予以处罚，对构成犯罪的行为依法追究当事人的刑事责任。

### 1. 土地利用规划实施的行政检查

（1）土地利用规划实施的行政检查的特征。土地利用规划实施的行政检查是指土地行政主管部门依法对单位或个人是否依法按土地利用总体规划确定土地用途批准和使用土地的事实所作的强制性检查的具体行政行为。其主要特征如下：

第一，行政检查是土地行政主管部门的具体行政行为，它以行政机关的名义进行。

第二，行政检查是土地行政主管部门的单向强制性行为，不需要征得有关单位或个人的同意。行政主体在做行政检查时，任何单位或个人有服从和协助的义务，否则必须承担相应的法律责任。

第三，行政检查必须依法进行。行政检查涉及面广，必须有直接的法律依据；否则，建设单位或个人有拒绝接受检查的权利。

（2）土地利用规划实施的行政检查的类型。土地利用规划实施的行政检查按照不同的标准划分，有以下类型：

第一，普遍检查与特定检查。普遍检查是指土地行政主管部门依照职权对管辖范围内的土地利用组织开展普查，特定检查是指对某一项用地守法情况进行检查。

第二，职权检查、授权检查与委托检查。职权检查是指土地行政主管部门在职权范围内进行检查，授权检查和委托检查则是指上级土地行政主管部门授权或委托下级土地行政主管部门进行检查。

第三，巡视检查和跟踪检查。巡视检查是组织监督检查人员分层包干，责任到人，实行目标管理，在包干地区内，建立定期或不定期的巡视检查制度；跟踪检查也叫批后检查，是指对经规划批准的建设用地项目，从开工到竣工进行全过程检查。

第四，主动检查与被动检查。主动检查是监督检查人员依职权的主动行为，被动检查则是对人民来访、来信举报的违法用地行为进行检查。

第五，联合检查和单独检查。联合检查一般是会同监察、建设部门检查违法用地，单独检查则由土地行政主管部门单独进行。

**2. 土地利用规划成果备案与档案管理**

（1）土地利用规划成果备案。根据有关规定，经批准的县级以上土地利用总体规划成果应当报自然资源部备案。具体说，经国务院批准的省、市级规划，应将15套规划文本和说明、1套规划图件（含现状图、规划图，市级规划需另附城乡结合部规划图）报自然资源部备案；经省级人民政府批准的地市级、县级规划，应于批准后的3个月内将经批准的2套规划文本和说明、1套规划图件（含现状图、规划图和城乡结合部规划图）及规划批复文件报自然资源部备案。上报的规划图件需加盖主管部门的公章，经省级人民政府批准的地市级、县级和乡级土地利用总体规划成果应当报省级自然资源部门备案，由省级人民政府授权的设区的市、自治州人民政府批准的乡级土地利用总体规划也应当报省级自然资源管理部门备案。报省级自然资源部门备案的方法，由省级土地行政主管部门规定。

（2）土地利用规划档案管理。土地利用规划档案是土地行政主管部门在土地利用规划编制、审批和实施中形成的文件和资料，包括本级规划的文件、资料和本级人民政府审批的其他各级规划的文件、资料，它是土地行政管理档案的重要组成部分。土地利用总体规划一经批准，同级土地行政管理部门要及时将本级规划编制和审批工作中形成的文件、资料收集齐全，并按其内容的有机联系和文件材料形成的规律进行整理、立卷、归档，保证档案的齐全、完整和真实。规划档案的内容主要包括规划批复文件、规划文本和说明、规划图件、规划附件（包括专题研究报告及基础资料、基础图件、工作报告、审查和评审意见等）及规划编制和审批工作中的其他文件。为了便于保管和利用，根据规划档案数量大、利用率高和时有增补的特点，可在土地行政管理全宗档案分类方案的一级或二级类目中设"土地利用规划"类。有条件的地方，还应当实行规划档案的计算机管理。

## （三）土地利用规划管理的制度建设

### 1. 推行公众参与制度

通常情况下，为了促进公共政策形成过程的合法化，使其更符合民意，需要积极地引导公众参与。公众可以经由多种途径参与政策制定。比如，公民请愿、公民投票制度、协商谈判制度、听证会制度、信息公开制度、民意调查制度、院外游说制度等都为民众参与提供了途径，也确保了政策制定的科学化和民主化，有效抑制了腐败现象和官僚主义的产生，对经济增长质量也有较好的提升作用。

公众可以通过信息公开制度、公示制度、听证会制度及民意调查制度等途径参与到土地利用规划政策的制定中来。其一，在规划土地利用之前要先经过民意调查对该土地所有者和土地使用者的土地利用状况进行了解，作为土地规划的依据，并对具体规划予以检验，获得广泛的支持和理解，同时对民众的规划反馈信息进行掌握，达到规划不断改进的目的。其二，应该利用网络手段，对土地利用规划方案进行公开和信息披露，这便是土地规划公示制度。同时，为了有效地对土地规划中可能出现的风险和失误进行规避，需要制定听证会制度。

**2. 建立土地利用规划监测和实施评价制度**

土地利用总体规划运行需要一个完善的信息系统予以支持。在信息运行中，可以利用评价这一手段来对土地利用总体规划的优劣性进行辨别，同时也可以让制定者和决策者获取到相关的信息。在管理土地利用总体规划的过程中，对土地利用规划实施评价制度和土地利用规划监测体系进行完善也是必要的，更是土地利用总体规划的重要保障，利用监测体系和反馈机制可以对土地用途和土地利用结构的变化进行及时把握，并将执行程度和结果予以反映，及时将土地利用变化信息反馈给本级政府和上一级政府，及时发现和解决规划中存在的问题，顺利地实施相关规划。应该充分发挥司法部门、投资部门、立法部门、研究机构、新闻媒介部门及社会团体等机构的评价监督作用，并由土地管理部门对土地利用总体规划的实施效率进行客观的评价，及时调整和修编土地利用总体规划。

**3. 土地规划师执业资格制度建设**

土地规划师执业资格制度是由土地利用规划管理的重要性、土地规划工作的职业特性、与土地规划教育的相适性、土地规划改革开放的需要决定的，具有重要的意义。

（1）是贯彻实施《中华人民共和国土地管理法》、加强土地利用规划管理工作的需要。加强土地利用规划管理工作，关键是搞好规划队伍建设。土地利用规划涉及各行各业，影响深远，既是一项政府行为，又是一项涉及面很广的社会实践活动，政策性、技术性均比较强，没有一支具备相当素质的土地规划队伍（包括规划管理公务员队伍和业务技术队伍），是难以做好这一工作的。近年来，我国土地利用规划事业有了很大发展，机构日益完善，队伍不断扩大。但是，目前从事土地利用规划工作的人员流动性比较大，一些地方将不具备规划基本知识和技能的人员安排在土地规划岗位上，影响了队伍的整体素质。建立土地规划师执业资格制度，加强对土地利用规划专业的准入控制，有利于稳定规划队伍，全面提高队伍素质，以适应土地规划管理工作的需要。

（2）有利于提高土地利用规划管理工作的质量和水平。建立土地规划师执业资格制度，是土地利用规划工作发展的需要。规划本质上是为实现预定的目标而不断实践的过程。在这一过程中，对国家有关法律、法规、政策有较好掌握，对规划意图有充分理解的土地规划人员将起重要作用，这对土地规划人员的素质提出了更高要求。土地规划师执业资格制度的建立，一方面，将对从事土地利用规划工作的人员的学识、技术和能力进行必要的考核，只有持有土地规划师证书、具有一定的规划业务素质的人才能进入规划岗位执业，从而保证了规划工作的质量；另一方面，明确了土地规划师在相关工作中的权利、义务和责任，只有持证并经注册的土地规划师才能主持规划设计工作，才有规划成果的签字权、规划管理的经办权。同时，其可以提高规划人员工作的积极性和社会责任感，形成良性的人才竞争机制，提高规划管理工作的水平。

建立土地规划师执业资格制度是由土地利用规划的职业特性决定的。土地利用规划的根本目的是维护土地利用的社会公共利益，实现土地的集约、高效和合理利用，促进经济社会可持续发展。从事土地规划工作的人员不仅要具备土地规划的专业知识和技能，更要有良好的职业道德和社会价值观。只有这样，才能真正维护全局利益和社会公共利益。

（3）有利于加强和规范土地利用规划教育。我国自 20 世纪 50 年代起就在有关院校设立了土地规划专业。改革开放以来，土地规划学科建设有了很大发展，许多院校相继恢复或增设了土地规划或与土地规划相关的专业，为土地利用规划工作培养了大量专业技术人才。但是，当前土地规划教育也存在明显的问题，如专业设置不规范、基础教育与职业发展脱节现象比较严重、继续教育跟不上等问题。土地规划师执业资格制度可以有效解决上述问题。一是通过明确土地规划师执业资格要求，可以促使有关院校和学科及时调整专业培养方向和课程设置，使基础教育更有针对性；二是可以建立基础教育与规划实践的良性互动发展机制，规划实践中的最新信息与需求可以通过土地规划师执业资格要求及时反馈到基础教育的内容设计中，基础教育的改进可以进一步促进规划实践；三是可以促使土地规划人员接受继续教育。由于这种继续教育与土地规划师资格及定期注册相联系，实际上具有强制性，因而能促使土地规划人员自觉参加继续教育，保证教育的普及程度和质量。

在市场经济发达的国家和地区，对事关全社会公共利益的土地规划从业人员的管理主要是成立土地规划师协会，并在该协会管理下对土地规划执业人员实行严格的资格考试和注册制度。

**4. 土地用途变更申请许可制度**

土地用途转用规划许可制度的审查内容包括：

（1）审查是否符合土地规划用途。这主要是新增建设用地、耕地开垦和未利用土地开发的规划转用，包括：①引用的土地利用总体规划及批准的文件。跨市（地、州、盟）、县（市、旗）的工程，引用地（市）级以上的土地利用总体规划；独立工矿区、县城等城镇建设用地引用县级土地利用总体规划；村镇建设则引用乡级土地利用总体规划。②规划分区、规划地块用途是否与拟转用的用途相符。比如，在农业用地中，地区内的土地主要用于农业生产及直接为农业生产服务，但哪些是为农业生产服务的用地、哪些不是为农生产服务的用地、所占面积如何确定等问题，需要根据不同的社会经济条件、不同的农业生产方式、不同地形、不同的经营规模等来确定。③是否需要修改规划。区间或区内用途变化是否符合土地利用结构成本合理准则，是否可逆转，土地生态环境是否得到改善等，即是否在规划允许的范围内修改或完善规划。例如，在林业用地区内安排耕地开垦，在地形平缓、坡度在15°以下、水肥条件好和能搞好水土保持的前提下应该是可以进行的。若分区指标和管制规则包括了可以开垦耕地的内容，则可以不改规划；若未包括，则需要修改规划等。

（2）审查用地规模，初步核定用地计划。重点是控制用地总量，促进土地集约利用，通过退宅还耕与城镇占用耕地计划指标进行置换，促进土地动态优化。

（3）审查土地保护、整治措施是否实施。重点审查占用耕地的农用地转用审批手续、土地征收审批手续，是否落实了占补平衡的资金；占用基本农田的农用地转用审批手续、土地征收审批手续，是否落实了补充面积；取土用地是否符合水土保持规定；是否编制和实施了土地复垦规划；等等。

## （四）土地利用规划的调整

土地利用规划的修改是指由于实施过程中的特殊情况需要在规划期限内对经批准的规划进行修改；土地利用规划的修编是指因规划年限到期或国家决策改变，对上一轮规划存在的问题进行的调整。

由于土地利用规划期限较长，在实施的过程中，社会经济、科学技术的不断变化在某些方面会变得不适应社会发展的要求，因此在土地利用规划实施过程中，要定期检查规划的执行情况，根据实际情况的变化来修编规划，使土地利用规划不断适应新情况、新形势，为国民经济、社会发展创造良好的用地条件。因此，土地利用规划是一个"规划—实施—修改—再实施"的过程。

### 1. 土地利用规划的信息反馈

土地利用规划付诸实施以后，实施的情况是我们对规划修编的重要依据。为了及时掌握规划实施的情况，必须建立较完善的土地利用实施信息反馈制度。

（1）实施土地利用动态监测。土地管理各级部门应对土地利用状况进行监测，国家建立全国土地管理信息系统，对土地利用状况进行动态监测。各地方结合日常地籍管理，对土地利用实施动态监测和信息反馈。

（2）对土地规划实施情况进行检查。由上级或本区域土地管理部门对土地规划实施情况进行检查，可采取定期检查和不定期检查相结合的方式。检查可采取多种形式，如全面检查、重点检查、抽样检查等。

（3）定期汇报。下级人民政府或土地规划实施主管部门定期向上级人民政府或土地规划实施主管部门汇报土地规划实施的情况、存在的问题。

（4）群众监督机制。规划制定后，应向广大干部群众公布，充分做到公众参与，并健全群众监督举报制度。

### 2. 土地利用规划的要求

经修改的县级土地利用总体规划的成果均应符合下列要求：①贯彻耕地总量动态平衡的要求，充分体现了切实保护耕地、严格控制各类建设用地、集约利用土地的原则。②落实了上一级规划的土地利用控制指标。

③规划需要解决的土地利用问题符合实际，规划目标和任务切实可行。
④土地利用结构调整依据充分，各业用地原则正确，调控措施切实可行。
⑤与耕地占补平衡挂钩的要求得到落实。⑥土地利用分区合理，界线明确，结合实际制定分区土地利用规划。⑦重点建设项目安排合理，用地位置清晰。⑧土地整理、复垦、开发的潜力分析和可行性分析比较深入，重点项目明确，分期实施计划可行。⑨规划指标分解落实到各乡（镇），指标分解与用地布局控制紧密衔接。⑩与城镇规划和其他部门规划协调得较好。⑪规划文本、说明及专题研究内容符合要求，论述清楚。⑫规划图内容全面，编绘方法正确，图面整洁清晰。⑬规划采用的基础资料可靠。

　　土地利用总体规划一经批准，应严格执行。土地利用总体规划的修改必须十分慎重，频繁的修改会影响土地利用总体规划的严肃性和权威性，也不利于土地利用总体规划的实施。

**3. 土地利用规划的修编**

　　土地利用规划的修编实际上是根据新的规划期所确定的规划目标、任务和土地利用方针重新编制规划。但是为了保证规划的延续性，在规划修编时，要说明上一轮规划的实施情况、存在的问题，然后根据规划编制的正常程序和要求，进行规划的修编。

　　土地利用总体规划是其他各项规划的依据，因此土地利用总体规划修订后，其他相关的各规划也应做相应的修订。

　　土地利用规划的修订一般以五年或十年修订一次为宜，以便与国民经济和社会发展五年计划、十年计划相协调，但在特殊的情况下，可不受上述时间限制。


# 二、土地利用规划管理信息系统的构建


## （一）土地利用规划管理信息系统的建立背景

　　《中华人民共和国土地管理法》确立了土地利用总体规划的法律地位和作用，对土地利用规划管理工作也有更高的要求。根据该土地管理法的规定，土地利用计划编制、建设项目用地预审、农用地转用和土地征用审批、基本农田保护区划定和管理、土地开发整理、土地执法检查等，都必须依据土地利用总体规划，规划的实施涉及土地管理工作的各个方面。各级规划管理工作建立在规划数据（包括规划文本、规划图件和规划指标等）基础之上，但是这些规划数据信息化程度整体水平还比较低，距新形势下土地利用规划管理工作的要求相去较远。因此，建立土地规划信息管理系统，可以促进土地利用规划管理整体水平的提高，是土地利用规划管理的迫切需求，也是国土资源信息化的客观要求。

## （二）土地利用规划管理信息系统的建设目标

针对业务多样、表格繁多、数据来源多、分析要求高的土地利用规划管理的显著特征，应充分利用计算机技术、网络技术、GIS 技术等来不断提高规划管理工作的信息化水平，应用输入、输出、检索查询、统计分析等手段，提高各种土地规划制定的效率，提高土地规划管理的工作效率和使用效率，保证土地信息的现势性和连续性，简化土地规划日常的业务工作。同时，要深化土地利用规划管理信息系统的应用，加强相关领域横向、纵向的交叉联系，提高决策支持的水平及速度。

## （三）土地利用规划管理信息系统的设计原则

第一，可操作性原则。应该根据土地利用规划管理的需求，如土地利用规划信息的查询、统计、输出、输入等需求，建立相应的土地利用规划信息管理系统。同时要确保系统的操作便利性和界面友好性，并能够直观地显示结果，这样就算不具备计算机专业技术也能轻松进行操作和使用。

第二，先进性原则。应该将现在的方法和技术，如数据库技术、Web技术、网络通信技术等，运用到土地利用规划管理信息系统的设计中，这样能够有效促进土地利用规划管理信息系统的建设和目前的技术要求相符合。

第三，安全性原则。数据安全性是系统安全性最核心的问题。只有采取可靠、安全的防护措施，才能确保系统运行的安全性，避免出现数据丢失、非法修改和添加等状况，同时也能为系统的稳定、可靠和防止病毒侵害运行提供保障。比如，用户对系统数据的操作要根据其权限进行，而且用户不能处理和汇合其他用户的数据，不能对服务器进行防火墙设置等。当然，系统的稳定性也是非常重要的，这就需要系统具备一定的灵活性，确保其可以运行各种类型和各种规模的数据。

第四，可扩展原则。随着计算机技术的发展，土地利用规划管理信息系统也应该随之进行升级和改进。在系统设计和规划的初期需要考虑长远的和宏观的要求，并且根据当前的信息技术主流发展方向进行系统软件和程序的开发，这样能够确保系统具有一定的扩容性和升级空间。土地利用规划管理信息系统更需要和其他土地信息系统进行无缝对接。

第五，图数一体性原则。土地利用规划管理信息系统中的规划信息需要实现图形信息和属性信息之间的相互查询功能等。

第六，经济性原则。其一，要考虑软件平台的经济实惠性，在建设系统时要尽量选择具有高性价比的软件。其二，要考虑系统数据建设的成本，并根据对象的空间数据库标准确立系统的空间数据格式，根据关系数据库标准进行属性数据处理。开放性是 GIS 软件数据结构的核心要求，为此需要具备标准的外部数据交换格式，以促进各种类型数据的相互转换等。如此，才能够使数据录入工作简便，提升工作效率，降低工作成本。其三，要考虑系统开发的成本，选择操作性强且能够保障所有功能得以实现的系统技术方案，这将大大降低开发周期，有利于节约开发成本。其四，要充分考虑系统的维护成本，要确保可以轻易实现系统数据的更新，控制软件升级成本，实现系统的升级和扩容等。

## （四）土地利用规划管理信息系统的主要技术

### 1. GIS 技术

土地管理的数据特征决定了系统必须以 GIS 技术为依托，利用 GIS 技术和数据库可以实现空间几何图形与属性数据的同步管理。因此，GIS 技术是系统建设的关键技术。当前 GIS 发展的一个主要趋势是采用关系数据库存储空间数据，使 GIS 数据与其他非空间数据紧密集成，充分利用关系数据库管理系统处理和分析海量数据的能力，真正实现将图形与属性融为一体的客户/服务器结构，并与企业已有的信息系统集成，使 GIS 融入 IT

的主流。因此，在软件选型上应该先考虑 GIS 软件是否能够使用关系数据库管理系统实现高效的空间数据存储、管理与分析。

目前采用关系数据库管理 GIS 数据的软件主要有 Intergraph 公司的 Geo Media、ESRI 公司的 SDE 和 MapInfo 公司的 SpatialWare 及 Oracle 公司的 Oracle Spatial。其中，SDE 是支持 SQLServer、Oracle、Informix 等多种数据库管理软件的 GIS 服务器。另外，Arc/Info 8.0 的推出，使 ESRI 公司的 GIS 系列软件的技术远远超前于其他 GIS 软件。Arc/Info 8.0 for Windows NT 是一种完全面向对象的 GIS 软件，基于组件技术，支持微软的 COM 技术，可以通过 VB 和 VC++进行定制和开发。其新引进的 GIS 数据库 Geo Database 采用 MS Access 管理和存储空间数据库，有利于实现分布式 GIS 数据库，并且可以实现面向对象的数据库建模和应用程序开发，不仅能定制空间对象的行为，而且能设置对象的规则，可以开发真正实用、具有一定智能性的 GIS 应用系统。同时，它还支持采用统一建模语言（UML）建模，可以用计算机辅助软件工程（CASE）工具进行设计和开发。Arc/Info 的美中不足之处在于价格昂贵，为了减少软件的投资，前端软件将采用 MapObjects 进行开发。MapObjects 提供一套 GIS 的基本控件和组件，可以方便地采用常用的软件开发工具（VB、VC++、Delphi、Power-Builder）定制 GIS 应用软件，支持对 ESRI 公司的 Coverage、Shape、SDE 及 AutoCAD 的 DWG 和 DXF 等数据格式的访问。MapObjects2.1 支持对 GeoDatabase 的访问。Arc/Info 和 MapObjects 搭配能较好地实现系统需求，同时降低软件投资。

**2. 采用关系数据库管理空间数据**

系统宜采用关系数据库管理空间数据和属性数据，确保空间和非空间数据的一体化集成。

利用 ARCSDE，通过 RDBMS 数据管理的功能，利用 SQL 语言对空间数据与非空间数据进行各项数据库操作，同时可以利用关系数据库的海量数据管理、事务处理、记录锁定、并发控制、数据仓库等功能，使空间数据与非空间数据一体化集成，实现真正的 Client/Server 结构。OpenGIS 联盟已发布了《SQL 的简单空间特征规范》，GIS 软件开发商都遵从该规范。利用关系数据库管理空间数据库将成为 GIS 发展潮流，这将增加空间数据的互操作性，使 GIS 融入 IT 技术的主流。

Oracle 是美国 Oracle 公司开发的关系数据库管理系统，是主流的关系数据库管理系统。它除了在 UNIX 服务器上占有主导地位，在 NT 服务器上也有明显的优势。利用 Oracle 可构建企业级的数据仓库，建立超大型数据库(海量数据库)。

## （五）土地利用规划管理信息系统的总体功能

土地利用规划管理信息系统的基本功能应至少涵盖三大方面：GIS 数据处理子系统、规划信息管理子系统、规划实施管理子系统。

GIS 数据处理子系统：主要是针对土地系统的通用的数据处理模式，对各种土地图形数据实现采集、编辑、配置、输入、转化、校正、合并等功能。

规划信息管理子系统：实现有关土地利用、规划信息的查询、统计、文件管理、输入、输出等功能。

规划实施管理子系统：实现建设项目用地预审管理，单独选址建设项目用地规划审查，城镇分批次建设用地规划审查，土地整理、复垦、开发项目规划审查等，通过审查与管理，检查符合规划的执行情况，提出辅助决策，并输出相应的文档及图件。

另外，土地利用规划管理信息系统应维护管理子系统，并对系统元数据、数据字典、日志、用户、数据库等信息进行管理。

## （六）基于 MapGIS 软件的管理信息系统

MapGIS 是一个图数并重的 GIS 软件，它有强大的图形功能，能满足土地部门对图形编辑、输出的各种严格要求；也有着类似于 Arc/Info 出众的空间分析功能，在历次软件测评中名列前茅。它是国产 GIS 软件，具有全中文界面，操作简单，且价格比较便宜。

MapGIS 作为土地利用规划管理信息系统开发平台的优势在于：

第一，MapGIS 平台功能强大齐备。MapGIS 具有图形处理、图像处理、库管理、空间分析、实用服务五大部分，共十几个系统。这些系统在个体设计、数据结构、数据管理及输入输出方面采用了一系列先进技术，集中了图形处理软件开发的精髓，其性能达到国外工作站的 GIS 软件水平，尤其是在图形输入、编辑出版高精度图件、海量图库管理、空间分析等方面明显优于国外同类 GIS 软件。

第二，在 MapGIS 中，可对图形中的位置结构建立拓扑关系，从而使搜区、检查、造区更加快速、方便、简捷。在进行空间分析时，只有建立拓扑关系的数据才能进行分析，在用户进行土地信息发生变更的任何操作时，系统都维护着这种拓扑关系的完整性。MapGIS 提供自动生成、检查和校正拓扑关系的工具，这样可使组织拓扑数据冗余度小，检索和分析的速度较快。

第三，二次开发手段丰富，技术支持直接有力。MapGIS 提供了完整的二次开发函数库，用户可以在 MapGIS 平台上运用它开发面向各自领域的应用系统。MapGIS 二次开发函数库的实现被封装于若干动态链接库（DLL）中，独立于开发工具。无论是使用 VC++、VB，还是使用 BC++、Delphi，GIS 应用程序开发者都可以方便地调用二次开发函数。作为国产软件，MapGIS 安全性较好，同时可为使用者和开发者提供完备的培训和技术支持。

# 第四节　土地利用工程项目设计

## 一、灌溉与排水工程设计

### （一）方塘

方塘大部分是利用地下水渗透的形式修建的，少部分是通过引流达到蓄水目的的（一般需要专门进行防渗处理），即传统的平塘。从功能上讲，方塘与塘坝相似，一般容积小于 50000m³，最小的方塘容积也要大于 2000m³，方塘可以广泛应用于平原、丘陵区，主要通过开挖和边坡护砌修建。而塘坝主要利用天然地形修建低坝和泄水建筑物，类似于小型水库的设计。因此，方塘工程得到了广泛应用。方塘的规模既要考虑灌水量的大小，又要考虑闲置时的占地问题，需要经多方认证最终确定。

**1. 方塘选址**

考虑到方塘较多利用地面径流或地下径流，塘址应选在地下水源较丰富的地方，如山地、丘陵、沟谷地、颠簸地、山根、河道两侧、老河道等部位，对所灌溉的对象应尽量做到能够自流灌溉（低压管灌溉除外）。同时，还要注意排水及来水地区的水土保持工作，以防泥沙入塘，降低蓄水作用。

当方塘附近有河溪、渠道时，应尽量争取将非灌溉季节的余水引入塘中，扩大水源的利用效能。在缺水和自流渠道地区，可以利用提水设施将低处的水源、河水引入塘中，以补充灌溉季节水量的不足。对利用地下浅层水蓄水的塘，应将塘的边坡做出透水结构（如粗沙、砾石、干砌石等），增加水量的出渗量。选择塘址应注意地形、地势，尽量利用有坡度的低洼地，以减少工程量。如果项目区内有旧塘，且水量充沛，可以考虑对原有水塘进行清淤、扩建、修砌，以提高水源的利用效率，节省工程投资。

**2. 方塘设计**

方塘一般为长方体，宽最短 30m，长可达 150m，长宽不宜相差太大；塘深不超过 6m，边坡一般取（1:2）~（1:1）；深度超过 6m 则需要考虑放缓边坡，或将方塘断面布置为复式断面。

（1）方塘边坡的坡度一般需要考虑土体饱和状态及非饱和状态下的稳定性，因此需要在开挖方塘前确定土体的干容重、浮容重、密度、内摩擦角、强度指标等参数，对边坡进行静力稳定计算（采用圆弧法进行稳定计算），验证拟定边坡在正常状态下的稳定情况。一般要求拟定的方塘边坡比总应力法或有效应力法确定的临界边坡缓，即可满足边坡稳定的要求。

（2）为防止透水方塘的边坡涌沙或流土等渗透变形现象的发生，需要在边坡上布设反滤层。一般可设置 3~4 层，每层一般为 20~30cm，总厚度 0.7~1.0m。当含水层为粉细沙时，则可设 4~5 层，总厚度可达 1.0~1.2m。当含水层为粗沙、砾石时，可设 2 层，总厚度可不超过 0.6m。相邻滤料之间的粒径比值，一般是上一层为下一层的 3~5 倍。为使滤料稳定，需要在滤料上铺设干砌石护坡，并在护坡的顶部和底部分别设置浆砌石护脚。浆砌石护脚的断面应该通过挡土墙的主动土压力稳定验算确定。

（3）方塘的附属设施。方塘的顶部四周需要修 0.5~1.0m 的围墙，一般采用砖砌或浆砌石砌筑。墙的基础可以采用毛石混凝土或浆砌石，深度超过当地冻土层的深度。方塘附近应配有泵房或提水泵站，结合灌溉需要，参考相关章节内容进行规划设计。另外，要在方塘附近显著部位张贴安全警示标语，以防各种安全事故发生。

**3. 方塘设计步骤**

方塘在土地开发整理工程中应用较为广泛，主要作为灌溉水源。部分地区修方塘的目的是养鱼，兼作抗旱时期的备用水源。在设计方塘的时候，应该严格依据以下步骤进行：

（1）收集项目区降雨资料、水文地质资料，分析项目区水源情况，结合地勘成果，合理选择方塘的塘址。

（2）必须明确方塘的直接用途，尽量少占地，经多方论证最终确定方塘的规模(长、宽、深等)。

（3）结合项目区已有的方塘运行情况，拟定方塘边坡，验算边坡稳定系数。

（4）估算方塘的出水量，结合项目区作物种植特征及作物灌溉定额等资料，确定用水量与出水量的关系，通过制定合理的灌溉制度保证农业灌溉需要。

（5）完成方塘边坡反滤层及护坡设计，确保方塘安全性及耐久性。

（6）完成方塘附近的交通设施、渠道及管道的衔接设计，以及方塘的附属设施设计。

在方塘设计的过程中应该注意：方塘的出水量应经过估算确定，以便更合理地制定项目区的灌溉制度；应根据项目区的地质条件不同，方塘边坡护坡石的粒径应该有严格的要求，一般粒径大有利于边坡稳定，抗滑、抗冻胀性能较好。依靠短期径流蓄水的方塘，必须做好防渗设计，否则将降低方塘的利用率。

## （二）机电井

机电井即管井，是在开采利用地下水中应用非常广泛的取水建筑物，它不仅适用于开采深层承压水，也是开采浅层水的有效形式。由于水井主要由一系列井管组成，故称为管井。当机电井穿透整个含水层时，称为完整井；当穿透部分含水层时，称为非完整井。根据我国北方一些地区农田用水经验，井深在60m以内，井径以0.7~1m为宜；60~150m的中深井，井径可取0.3~0.4m；150m以上的深井，井径可取0.2~0.3m。由于机电井出水量较大，一般采用机械提水，故通常也称机井。

### 1. 机电井的基本构造

机电井是把井壁管（也称实管）和滤水管（也称花管）连接起来，形成一个管柱，垂直安装在打成的井孔中，井壁管安装在隔水层处和不拟开采的含水层处，滤水管安装在开采的含水层处，机电井最下一段为沉淀管（4~8m），以沉淀流入井中的泥沙。在取水的含水层段，井管与开孔的环状间隙中，填入经过筛选的砾石（人工填砾），起滤水阻沙的作用。在填砾顶部的隔水层或不开采的含水层段，用黏土球止水，以防止水质不好的水渗入含水层，破坏水源。此外，在井管上端井口处，应用砖石砌筑或用混凝土浇筑，以便安装抽水机和保护井口。

井壁管和滤水管可以采用钢管、铸铁管、石棉水泥管、砾石水泥管和塑料管等。钢管和铸铁管的强度高，因而滤水管的孔隙率可以取用较大值，且可以用于深井（几百米甚至几千米以上），但造价较高，且耗费钢材。砾石水泥井管和滤水管造价较低，且能就地取材，便于群众自力更生，就地制造，目前我国广大灌区已普遍使用。

在粗沙、砾石、卵石含水层中，由于沙、石粒径较粗，为了降低造价，可采用缠丝或包网滤水管，不需要在井壁外围填砾料。缠丝滤水管是在井管上按一定规格打上或手留孔眼（孔眼多少视不同管材而定，一般孔隙率为20%左右），然后缠丝而成。缠丝的材料有镀锌铅丝、铜丝或塑料丝等。包网滤水管是在花管上包网。包网材料多采用铁丝网和棕皮，有条件者也可采用铜丝网。若含水层为中沙、细沙或粉沙含水层，仅有缠丝（或包网）滤水管是不够的，为了阻止粉细沙通过，保证水井正常工作，滤水管外应围填砾石滤水层。填砾层厚度一般为 75~100mm，即钻孔直径应比滤水管外径大 150~200mm。滤料粒径应为含水沙层粒径的 8~10 倍。

**2. 机电井的设计**

机电井设计主要包括井深、开孔、终孔直径、井管、过滤器的种类和规格、安装的位置、封井等。井深取决于开采含水层的埋藏深度和所用抽水设备的要求；开孔和终孔直径根据安装抽水设备部位的井管直径、设计安装过滤器的直径及人工填料的厚度而定；井管和过滤器的种类、规格及安装的位置，沉淀管的长度和井底类型，主要根据当地水文地质条件，并按照设计的出水量、水质等要求决定。井管直径须根据选用的抽水设备类型、规格而定。

第一，井深的计算。机电井深度由出水量、沙层厚度和沙层出水率而定。沙层出水率是指每米沙层在水位降低 1m 时的出水量。参照取水沙层厚度和预留沉淀管长度(4~8m)，即可根据地层情况确定井深。

第二，井径的确定。根据水文地质和施工技术条件选择井径。对渗透性强的含水层，适当加大井径可以增加出水量，一般开采潜水的机电井合理井径不超过 300mm，筒井的合理井径控制在 600mm 以内。

第三，井距的确定。确定井的合理间距可减少干扰，增加井的出水量。它的确定主要依据当地的水文地质条件(含水层的组成、补给、排泄状况等)，还应结合提水机具的性能、机耕方式、作物构成、渠系分布等因素初选井距。

第四，井数的确定。当需水量小于或等于可开采量时，采用单井控制灌溉面积法计算井数，井数的计算公式为

$$N = \frac{F_4}{F_0}$$

式中：$N$ 为规划区需打井数(眼)；$F_4$ 为规划区内的灌溉面积(亩)；$F_0$ 为单井控制面积(亩)。

机电井的设计步骤具体如下：

(1) 进行水文地质勘查，确定地下水位及含水层的基本情况及水源分布特征，确定地下水储量及可开采量，选定井的位置。

(2) 初步拟定井径，计算单井出水量。

（3）依据单井出水量，计算单井控制面积。

（4）结合项目区种植作物的灌溉定额，确定井数及井的间距，尽量避免井群干扰效应。

（5）结合井的井径、深度、施工方法的差异，设计井壁四周的过滤器及人工填料。

（6）依据灌溉区的灌溉管道长度及井内水位波动特征，计算水泵扬程，选择水泵及输水管路。

（7）设计机电井外的泵房及井口设施。在机电井设计过程中经常出现这样的问题，即以往的设计经常缺少项目区的水文地质资料，也未进行地勘调查，只进行当地走访调查，导致施工后井的水量有限甚至无水，这在人力、财力、物力上都造成了较大的浪费。因此，机电井的规划设计应先做好勘查工作，尽量避免类似的情况发生。此外，由于人们对地下水源的超采，很多机电井的出水量受到很大影响，因此在出水量估算时，应充分考虑到地下水位下降及补给缓慢的隐患，防止地下水进一步超采带来的危害。

## （三）大口井工程

大口井是一种大口径的取水建筑物，因其口径大而得名。由于其形似圆筒，又常称为筒井。在浅层地下水源丰富，含水层厚度基本超过3m的地区，有修建大口井较好的自然条件，加之近年来大口井施工工艺的改进和施工方法的简化，大口井在农业灌溉中得到广泛应用。

### 1. 大口井的类型

大口井按建筑材料分，有砖、石、混凝土、多孔混凝土、钢筋混凝土、钢筋混凝土与多孔混凝土相结合等井型。当井径大于5m，深度大于14m，或位于沙地层，下沉中易于倾斜时，宜采用整体性较强的钢筋混凝土建造；井径一般为6m左右，深度小于10m的大口井，一般采用砖、石砌筑。按滤水结构不同进水分为井壁进水、井底进水、井壁和井底同时进水三种。井壁进水按滤水结构不同可分为直孔、斜孔、"V"形孔三种。按断面形式大口井分为圆筒形、截头圆锥形、阶梯圆筒形和缩径形（倒阶梯圆筒形）四种。按水文地质条件大口井可分为潜水含水层大口井和承压含水层大口井,以及完整井和非完整井。

**2. 大口井的构成**

大口井由井台(井室)、井筒和进水部分构成。

(1)井台(井室)。井台是大口井的地上部分,起保护井身、安放提水机械和生产管理的作用。

(2)井筒。其作用是加固井壁、防止井壁坍塌及隔离水质不良的含水层。井筒常指含水层以上的部分,多用钢筋混凝土、砖和条石砌成。

(3)进水部分。进水部分是埋藏在含水层中的部分,是大口井主要的组成部分。若地下水能以含水层通过井壁(非完整井还可能通过井底)进入井中(如大口井采用砖石结构),则进水部分的井壁要用水泥砂浆砌筑,并在适当位置留有专门的进水孔(如采用预制的混凝土管作井筒),其进水部分则是预制多孔混凝土管,骨料粒径和填砾规格可根据含水层颗粒组成选定。

**3. 大口井的适用条件**

大口井适合从地下水埋藏较浅、含水层较薄且不宜打机电井的底层取水。它具有就地取材、施工方便和机泵配套适应性强等优点。大口井的适用条件应遵守以下规定:

(1)地下水埋藏浅,含水层渗透性强,有丰富补给水源的山前洪积扇、河漫滩及一级阶地干枯河床和古河道地段。

(2)基岩风化裂隙层较厚、地下水埋藏浅、有丰富补给水源的地段。但是应该注意避免浅层地下水中铁、锰和侵蚀性二氧化碳对井管腐蚀强的地区。

**4. 大口井的设计**

(1)大口井的出水量。大口井出水量的理论公式及经验公式很多,可根据水文地质条件、井的构造和静水位埋深选用相应的公式进行计算。

(2)大口井的井径。大口井的直径和井的出水量有一定的关系,根据非完整井的出水量计算公式,井径与出水量成正比。但是井径超过一定范围,出水量不可能无限增加,需对井径与出水量、施工方法和造价等因素综合进行技术经济比较后方可确定。一般平原浅层沙层大口井最小井径可定 2~3m,河川地区沙砾石大口井一般井径为 4~6m。

（3）大口井的深度。大口井的深度主要取决于含水层埋深、水位变化幅度、设计水位、吸水管下水深和施工条件等因素。第四纪沙砾浅层水的大口井透水性好，沙砾卵石深度大于 3～4m，井深一般为 6～10m。浅层基岩裂隙及岩溶地下水区的大口井深应依据溶洞水及裂隙水的富水性而定。

大口井的设计步骤具体包括：①收集项目区水文地质资料，明确项目区地下水源储量及可开采量；②结合项目区的位置及种植结构、灌溉定额等，选择地下水源丰富的地区布置大口井，一般选在低洼处、河滩处、古河道处；③确定大口井的井径及井深；④计算大口井的出水量，结合蓄水量与供水量进行平衡分析，拟定作物灌溉制度；⑤进行大口井进水结构设计，确定井壁及井底的形式、材料及必要的人工填料等；⑥依据灌溉区的灌溉管道长度及井内水位波动特征，计算水泵扬程，选择水泵及输水管路；⑦设计大口井的管理房（泵房）及井口设施。

## （四）小型提水泵站

提水泵站工程可以结合前面提到的方塘、机电井、大口井等水源工程共同发挥作用，将水送到灌溉渠道、管道中，是目前节水灌溉工程中被广泛采用的取水工程之一。

### 1. 提水泵站的站址选择

（1）从河流、湖泊、渠道取水的泵站，其站址应选择在有利于控制灌区，输水系统布置比较经济的地点。泵站取水口应选择在主流稳定靠岸，能保证引水的河段（直流段或弯道的凹岸）。当引水口位于凹岸时，应特别注意其稳定性，如果河岸不够稳定，又无适当的地方选择作水口，则应采取相应的措施，确保取水口位置的稳定和能引入足够多的流量供应泵站。

（2）直接从水库取水的泵站，站址应根据灌溉区与水库的相对位置和水库水位变化情况，选择在岸坡稳定、靠近灌区、取水方便的地点。至于是从库区内取水还是从坝后取水，应根据技术可靠性和经济合理性等方面的情况，经分析论证后确定。

**2. 提水泵站的布置形式**

（1）从河流取水的泵站当河岸边坡较缓时，宜采用引水式布置，并在引渠渠首设置进水闸；当河岸边坡较陡时，宜采用岸边式布置，其进水建筑物前缘宜与岸边齐平或稍向水源凸出。

（2）从渠道取水的泵站宜在取水口下游侧的渠道上设节制闸。

（3）从湖泊取水的泵站，应根据湖岸边地形、水位变化幅度等，采用引水式或岸边式布置。一般来说，当湖岸坡度较缓且湖水位变化幅度较大时，宜采用引水式；当湖岸坡度较陡且湖水位变化幅度较小时，可采用岸边式。

（4）从水库内取水的泵站可根据水库岸边地形、水位变化幅度及农作物对水温的要求等确定泵房形式。当库岸坡度较缓、水位变化幅度较大时，可采用引水式固定泵房；当库岸坡度较陡、水位变化幅度不大时，可建岸边式固定泵房或竖井式泵房；当库岸坡度较缓、水位变化幅度较大时，可采用浮船式泵房；当库岸坡度较陡、水位变化幅度很大时，可采用缆车式泵房或潜没式固定泵房。

（5）从多泥沙河流上取水的泵站当具备自流引水沉沙、冲沙条件时，应在引渠上布置沉沙、冲沙或清淤设施；当不具备自流引水沉沙、冲沙条件时，可在岸边设低扬程泵站，布置沉沙、冲沙及其他排沙设施。

（6）紧靠山坡、溪沟修建的泵站应设置排泄山洪和防止局部滑坡、滚石等的工程措施。

**3. 水泵的选择**

（1）水泵流量。水泵的出水量应满足田间系统最大需水量的要求。

（2）水泵扬程。水泵扬程是指水泵出口压力和入口压力的差。

**4. 泵房的设计**

（1）泵房的设计应满足的基本要求：

第一，在保证设备安装、运行、检修等工作方便与可靠的原则下，泵房尺寸最小。

第二，在承受各种可能遇到的外力作用下，满足整体稳定要求。

第三，结构有足够的强度和寿命。

第四，符合防火、照明、通风、防潮、防噪声的要求。

第五，施工、安装简便，布置合理，造型美观。

第六，满足内外交通运输的要求。

（2）泵房形式的选择。

1）分基型。分基型泵房的特点是进水池修建在泵房外边，进水池三边护砌，一边（临引水渠边）开敞。其砌护工程主要是保护泵房基础的稳固，防止四周土坡塌方。靠近泵房一侧的护砌工程，有的做成挡土墙式，有的做成护坡式。前者工程量较大，但引水条件较好。

分基型泵房只有在水源水位变化幅度小于所选水泵的有效吸上高度时才可选用。采用分基型泵房时，水泵的安装高程总是高于水源水位。

分基型泵房的优点是设备基础与泵房基础分开，可以避免相互影响。它主要适用于卧式水泵。当水源水位变幅较大时，也可采用这种泵房形式，条件是开挖引水渠将泵房设在挖方中，在引水渠首先采用闸门控制水位。

2）干室型。当水源水位变幅较大，超过本泵的有效吸上高度时，不宜采用分基型泵房，可以采用干室型泵房。它的结构特点是为了避免在洪水时外水渗入泵房，它的四周墙壁和底板用混凝土或钢筋混凝土建成一个不透水的整体，形成一个干燥的地下室，而机组则安装在地下室内。

干室型泵房内可以安装卧式水泵机组，也可以安装立式水泵机组。为了检修方便，在水泵的出水管或进水管上均需安装闸阀，管道穿墙处要妥善处理。

在泵房高度较大的情况下，为了充分利用空间，往往修筑上层楼板，将立式电动机或者配电设备安装在楼板上，有利于电气设备的防潮。由于设有地下室，泵房的通风和防潮问题在设计时需要注意。在自然通风不能满足散热要求时，应该采用机械通风。泵房的墙壁和底板要满足防渗要求。室内要设置排水沟和集水井，以便将废水排到室外。

3）泵房布置与尺寸确定。

第一，机组的布置。机组的布置关系到泵房尺寸的确定，因此既要考虑安装管理和检修设备的便利性，又要考虑经济的要求，一般有以下布置形式：

一列式布置：使各机组轴线位于同一直线上，呈单行排列。这种布置的优点是简单方便，泵房跨度小，既适用于卧式机组，也适用于立式机组。一列式布置适用于机组数量不多的情况，若水泵较大，机组仅两台，又遇到进水池是深挖的情况，则可以考虑将水泵放在中间，电动机放在两边，以减少进水池的宽度。

各机组轴线互相平行的单行布置：当采用 IS 型（或 IB 型）悬臂式水泵时，可采用这种布置。

第二，管路的布置。管路布置得合理与否，也是排灌站设计中的一个重要问题。它不仅影响工程投资，而且影响建成后运行费用和管理便利等问题。

吸水管路的布置：吸水管路的口径应大于或等于水泵进口的口径，绝不能小于水泵进口的口径，否则会增加水头损失。一般以进水管流速来设计管径的大小，吸水管进口流速可控制在 0.8~1.0m/s，而管内流速可控制在 1.0~1.4m/s 范围内。水泵进口应尽可能避免直接安装弯管，否则水流进入叶轮时，流速分布不均匀，影响水泵效率和气蚀性能，双面进水的叶轮还会加大轴向推力，使轴承发热。为了避免上述缺点，最好在水泵进口及弯管之间安装一节偏心异径管，以调整管中流速（直管也有一定的作用）。它的长度可以是水泵进口直径的 3~5 倍。吸水管的进口如能做成圆锥形（不同于一般的喇叭口），可以大大减少水头损失。试验证明，圆柱形吸水管的阻力泵数要比圆锥形的大 4 倍多，同时悬空高度也要大一些。这种圆锥形吸水管的圆锥中心角为 8°~16°，长度 $L=(4~7)(D/d)$。其中 $d$ 为吸水管管径，$D$ 为吸水管进口直径，一般采用 $D=(1.2~1.5)d$。

吸水管路尽量要短，其长度以不大于 25m 为宜，弯头越少越好，以减少管路阻力损失。吸水管应当有不小于 0.5% 的坡度向水泵稍微上升，使吸水管内水中逸出的空气能够随水自由地流向水泵，避免造成水泵的振动和减小流量。吸水管要有牢固的支撑，可用支墩、支架和吊架，避免管子的重量及外力传给水泵导致法兰和泵轴损坏。吸水管的接头要求很严格，不允许漏气。吸水管的进口应安装圆锥管或喇叭口。对小型水泵，在吸水高度不大的情况下，采用底阀装置可便于引水，在底阀下端应附有滤网，以防杂物进入。其进水面积应比进水管截面积大 4~5 倍，底阀应时常清理，并便于装拆。对于超过 300mm 直径的吸水管路，不要采用底阀装置。

压力水管的布置：压力水管的连接要求不漏水，真空引水的水泵要求不漏气，支撑点要牢固。铺设在斜坡上的压力水管的最大坡度最好不超过天然土壤的摩擦角。在平面或立面的转弯处要设置镇墩。在选用钢管与铸铁管时，需要设置支墩。支墩基础要牢固，最好设置在老土上，而不宜建在填土上。在选用钢管时，两个镇墩之间要设置伸缩接头，以减小管中温度应力和便于管路拆装。压力水管力求短而直，尽量避免转弯，管径不应小于水泵出口直径。压力水管内流速控制在 1.5~2.5m/s，并将渐扩管与水泵出口相连接，锥度以 8°~10° 为宜，长度 $L=(6~7)(D_1/D_2)$ 为宜，其中 $D_1$ 为压力水管直径，$D_2$ 为水泵出口直径。离心泵压力水管中一般需装置闸阀，以便启动、调节及检修设备。

第三，泵房尺寸的确定。泵房宽度和长度主要根据机电设备的布置来确定。泵房宽度应当由水泵进水、出水侧阀门和管路配件的尺寸，穿墙套管的安装间隙，走道和配电盘的位置来确定。最小宽度不应小于 4.5m。泵房的长度应考虑机组的长度（沿泵房长度方向），它们之间的距离由检修间的位置等因素决定。同时还要考虑水泵吸水管与进水池宽度的要求，使它们互相适应。为了减少工程量，进水池宽度也可小于泵房长度。安装立式水泵的温室型泵房的平面尺寸务必使水泵层与电机层的布置相适应，如不相适应（一般电机层比水泵层要宽），就在结构上进行处理（如增加悬臂）。

泵房高度指进口处地坪或平台至室内屋顶梁底的距离。在没有吊车起重设备的情况下，泵房高度以小于 4.0m 为宜，辅助机房高度不小于 3.0m，配电间高度为 4.2~4.4m；在有吊车设备时，以上高度应通过计算确定。

### 5. 进水建筑物的设计

（1）前池。前池是引水渠与进水池或机房之间连接的建筑物，它具有平顺扩散水流的作用。前池主要有两种形式：一种是侧面进水的前池，即引渠中的水流方向和进水池中的水流方向垂直或呈一定的角度，采用这种侧面进水的前池，如果机房过分靠近引水渠，并且缩窄过甚，往往会造成很大的水面降坡，增加水头损失，降低水泵效率。引水渠的流速一般控制在 0.5~0.6m/s，最大不要超过 1m/s，并且在引渠与前池连接处加设流线型的导流墩，以便改善进水条件。另一种是正面进水的前池，即引水渠中的水流方向与进水池中的水流方向一致，这种形式的前池与引水渠衔接时要有一个渐变的梯形扩散段，使前池有一个良好的进水条件。应当根据当地的地形、地质及施工技术等要求来确定前池的形式和尺寸。

（2）进水池。流入进水池中的水流应力求通畅，速度小而均匀，不允许有漩涡产生，因为漩涡是影响水泵吸水性能的主要因素。为了避免在水泵吸水管周围产生漩涡，防上空气进入水泵，减小水流进入吸水管的损失，进水池的形状、大小，吸水管口至池底的最小距离，吸水管的淹没深度，进水池的宽度，吸水管间的距离及其与进水池墙壁的距离，吸水管在进水池中的位置和形式等都有合理的布置与相适应的尺寸。

**6. 地基与基础设计**

（1）地基稳定。泵房因地基问题而遭受破坏，有以下几种情况：

第一，地基发生过大沉陷或较大的不均匀沉陷，使泵房产生裂缝以致倾塌。

第二，外荷载超过地基最大承载能力，使地基发生深层局部滑动或深层整体滑动（稳定问题）。

第三，外荷载作用使建筑物沿基底接触面滑动或绕基脚倾覆。

在泵站中，当天然地基不能满足建筑物的要求时，应采取一定的工程措施对天然地基进行处理。进行地基处理的目的是增加地基的稳定性，减小地基的沉陷，防止渗流对地基的破坏。

（2）机组基础设计。机组基础是为了固定机组的相对位置，避免不均匀沉陷，同时承受机组的重量和运转中的振动力，保证机组安全运行。因此，机组基础要坚实牢固，并具备一定的基础面积及足够的重量和刚性。

（3）机组基础的振动。当设计机组基础时，基础和机组的总重心与基底面积的形心必须位于同一条垂直线上。当基础上为不同类型的结构时，基础及机组的总重心按传至基础上结构的重量求算。例如，当土的计算强度小于或等于 0.15MPa 时，则偏心值不得大于重心偏差方向上一面基底边长的 3%；而当土的计算强度大于 0.15MPa 时，则偏心值不得大于 5%。

**7. 泵站的设计步骤**

泵站的设计内容较多，对于大型泵站，需要严格按照相关规范及行业标准进行设计；对于改造泵站工程（如盘锦地区），则需详细核实输水系统、水力机械、电气设备、厂房结构等基本情况，针对问题的明显部位进行设计。土地利用工程中的常用泵站，规模一般较小，可以参考以下步骤进行设计：

（1）收集泵站设计所需的基本资料，如渠道设计（校核）流量、设计（校核）水位、设计扬程、进出水渠道的断面尺寸及高程、地质资料、项目区水文气候特征等。

（2）依据灌溉排水系统的高程特征及引用流量，选择水泵型号及台数，进而确定泵房的基本形式，完成泵站的设计任务（泵房的位置选择、泵房平面尺寸、引水排水管道的平立面布置、水力机械的平立面布置、是否设置吊车、泵站检修及交通等内容）。

（3）辅助系统设计包括技术供水系统设计、排水系统设计、供油供气系统设计（设备选型和布置、连接的问题）。

（4）泵房基础的承载计算及水泵基础设计。

（5）泵站前池的设计及尾水出口消能设施的设计。

（6）泵房结构设计包括厂房内部的板梁柱结构内力计算、配筋计算、吊车梁牛腿设计等。

（7）泵站输配电设计包括电气设备接线设计、电气设备继电保护设计、变电设施布置及设计等。

## 二、农田防护工程设计

第一，农田防护林带设置。农田防护林宜与农田基本建设同时规划，也可以根据实际情况进行补栽。平原区的田块多为长方形或正方形，道路则和灌排渠沟与农田相结合而设置。林带可栽植为带状，也可栽植为网状，网状林带一般分布在渠边、路边和田边的空隙地上，构成纵横连亘的农田林网。平原区主林带之间的距离是 $200\sim300\mathrm{m}$，副林带之间的距离为 $500\sim600\mathrm{m}$；网格林带面积一般小于 $20\mathrm{hm}^2$，大于 $10\mathrm{hm}^2$。林带与道路结合时，可配置在道路两侧；与渠道结合时，可配置在渠道的南侧；与护岸林结合时，可配置在河流两岸。尽量做到林网、路网、水网三网合一。

第二，农田防护林带走向。农田防护林带走向一般由项目区的主要风害方向和地形条件决定。要求主林带的方向垂直于主害风方向并沿田块的长边布置，而副林带沿田块短边布置。在地形较为复杂的地区，当主林带无法与主害风方向垂直时，可与主害风方向呈30°夹角布置，最大夹角不超过45°，否则严重削弱防护效果。

第三，农田防护林树种选择。树种的选择对防护林的建设是至关重要的，根据地区防护要求和防护林的结构类型合理地选择合适生物种是防护林规划设计的前提。农田防护林带树种主要以乡土树种中的速生、抗性强的乔木树种为主。平原地区适宜的乔木树种有优良的杨树品种、泡桐、刺槐等。选择树种时要考虑树种的品相，苗木健壮，树干要挺直，要求分枝细小，有明显的顶端优势；苗龄要求二年根、一年干的平茬苗，苗高4cm，杨树的胸径为2cm以上，泡桐的胸径为5cm以上，有发达的根系；无病虫害。杨树要重点检查树干上有无溃疡病和天牛危害。

第四，农田防护林种植规格。各树种有不同的种植规格要求，且种植规格直接影响到防护的效果。因农田防护林建成后，主要起防护作用，所以栽植密度应比用材林的密度适当大一些。这不仅能早见成效，还适应窄林带的造林特点。乔木应采用1.5m×2m或2m×3m，要求三角形配置。

杨树和泡桐的栽植方法简单，关键要细致，提倡大穴、大苗，随起随栽，并要扶正深栽，杨树的栽植深度为60～80cm，泡桐的栽植深度为50cm左右。都要按"根舒、栽直、压实和深浅适度"技术要求栽植，穴的大小以苗木根系在穴内舒展为宜，做到不窝根、不上翘、不外露、苗茎起立，先回填表土，再回填心土。当填土2/3左右时，将苗木轻轻略向上提，并踏实，灌透水，最后将穴填满修成小丘或盘状，以利于蓄水保墒。此外，在同一林带上，应尽量做到"四个一样"，即树种一样、规格一样、高矮一样、粗细一样。这样不仅使带相整齐美观，而且有利于林木的均衡生长发育，以及林带防护作用的充分发挥。

# 第五章
# 村级土地利用规划的具体实施

　　土地利用规划是推进城乡统筹发展的重要内容，对村级土地利用规划进行深入研究，加强农村建设用地管理，推进"两规合一"成为重要的发展趋势。村级土地利用规划应根据乡村领域内的土地资源条件，上级规划确定的土地用途，村农业产业发展现状及潜力、农民承包经营意愿等合理确定粮食生产功能区、现代农业园区的规模、方位与布局。本书以编制规划的形式，将耕地和基本农田、宅基地、公共设施用地和经营性建设用地、区域交通用地、土地整治项目用地、生态用地落实到地块。

## 第一节　　乡村主要用地规划

　　城乡居民点是承载人类所有生活活动的场所，在用地分类中属于建设用地。城乡居民点在建设用地中是主要的用地类，产生了我国土地利用中最突出的问题，同时也是土地利用总体规划中难以解决的主要矛盾，因此必须高度重视和合理安排城乡居民点用地。按照《中华人民共和国土地管理法》和《中华人民共和国城市规划法》的要求，这两部法律应该协调一致，在编制土地利用总体规划过程中两者的协调成为焦点。因此，在编制土地利用总体规划时必须认真研究城乡居民点的用地标准和指标问题。

# 一、城乡居民点规划

## (一) 城乡居民点相关概念界定

### 1. 城镇体系规划

根据《中华人民共和国城市规划法》第十一条的规定，国务院城市规划行政主管部门和省、自治区、直辖市人民政府应当分别组织编制省、自治区、直辖市的城镇体系规划，用于指导城市规划的编制。所谓城镇体系规划是指在一定的地域范围内，以区域生产力合理布局和城镇职能分工为依据，确定不同人口规模等级和职能分工的城镇的分布和发展规划。城镇体系规划是一个区域范围内的城镇布局的总体规划，对各个城镇发展的规模和空间布局都做出了明确的安排，因此在编制土地利用总体规划时必须依据城镇体系规划对城镇建设用地做出安排。

### 2. 城市

城市是一个综合的概念，从不同的认识角度有不同的定义。《中华人民共和国城市规划法》中的第三条按行政区划的认识把城市定义为"国家按行政建制设立的直辖市、市、镇"，城市的范畴包括所有的城市和建制镇。一般的城市都有城市建成区、规划区和规划控制区三种用地空间。确定城市的规划区就是土地利用总体规划与城市发展总体规划相协调需要确定的控制用地的范围，是编制土地利用总体规划的一项重要任务。

### 3. 城市人口

城市人口是城市规模的主要指标，城市人口决定了城市用地的规模和城市发展速度。城市人口的概念在我国由于不同的经济体制拥有不同的定义。在计划经济时代，把城市非农业人口确定为城市人口，这个概念早已过时。按社会主义市场经济体制下的定义，居住在城市的非农业人口、享用城市基础设施的农业人口和暂住半年以上的人口都计算为城市人口。按照这个定义，城市人口会大幅增加。因此，城市人口基数将成为城市发展规模的决定因素。对于一个区域来说，城镇人口和农村人口是一种共轭关系，城镇人口的数量决定农村人口的数量。城镇人口和农村人口是编制土地利用总体规划的最基础数据。

**4. 城镇化水平**

城镇化水平的概念因城市人口概念的变化而变化。城镇化水平的概念也是一个综合性的概念，但一般常识是以城市人口占区域总人口的比例来衡量。也就是说，城镇化水平是用城市人口占区域总人口的百分比来表示的。城镇化水平是一个区域经济社会发展的重要指标，它往往象征着区域经济和社会发展的发达程度。城镇化水平是决定城镇发展规模的关键参数，在编制土地利用总体规划时一定要重点研究城镇化水平的发展趋势。

**5. 农村居民点**

农村居民点又称村庄、村镇、村落、庄子、村寨等，农村是农民居住活动的场所。农民的居住地称为农村居民点，城市是在农村的基础上发展起来的。

## （二）城乡居民点规划

城乡居民点规划安排应当满足发展生产、繁荣经济、保护生态环境、改善市容景观、促进科技事业发展和加强精神文明建设等要求，统筹兼顾、综合部署，力求取得经济效益、社会效益、环境效益的统一；应当贯彻城乡结合、有利生产、方便生活的原则，改善投资环境，提高居住质量，优化城市结构，适应改革开放需要，促进规模经济持续、稳定、协调发展；应当满足城市抗震、防火、防爆、防洪、防泥石流等要求，特别是可能发生强烈地震和洪水灾害的地区，必须在规划中采取相应的抗震和防洪措施，保障城市安全和社会稳定；应当注意保护优秀历史文化遗产，保护具有重要历史意义、革命纪念意义、科学和艺术价值的文化古迹、风景名胜和历史街区，保护传统和地方风貌，充分体现并创造城市各自的特色。应当贯彻合理利用土地、节约用地的原则。根据国家和地方有关技术标准、规范及实际使用要求，应当合理利用城市土地，提高土地开发经营的综合效益；在合理用地的前提下，应当十分重视节约用地、城市的建设和发展，尽量利用荒地、劣地，少占耕地、菜地、园地和林地。

## 二、耕地和基本农田规划

### 1. 耕地和基本农田规划要求

在对耕地后备资源进行调查及质量评价的基础上，综合土地利用总体规划的要求，充分考虑村民意愿、产业需求等因素后，划分基本农田保护区和一般农田。

以耕地现状规模与分布为基础，结合乡（镇）土地利用总体规划的内容，将耕地保有量、基本农田保护任务落实到村土地利用规划的地块，确保数量不减少、质量不降低。根据耕地地力等级、坡度、地块连片程度等因素，对耕地进行分级，建立"永久基本农田核心区—基本农田——一般农田"三级保护体系，标定"永久基本农田核心区、基本农田和一般农田"地块，并分别制定相应的保护措施。将确定的基本农田地块保护责任落实到村组和承包户，与农户签订基本农田保护责任书，明确基本农田的范围、地类、面积、质量、权利与义务、奖励与惩罚等内容，并将基本农田标注在农田承包经营权证书上。

根据耕地利用现状和质量状况，结合现有农田基础设施条件，统筹安排耕地质量提升、高标准基本农田建设等工程项目，明确项目范围、目标要求和实施方案等内容。根据宜耕后备资源潜力调查研究结果，明确土地开发新增耕地的数量、位置和范围，提出土地开发的具体方案。

### 2. 严格控制非农建设占用基本农田

在城乡建设中，禁止占用农田。基本农田只允许用作耕地，禁止进行养殖和用作园林。当一些基础设施建设（如公路、基础设施建设等），必须占用农田时，要相应地补偿一定数量和质量的基本农田。

### 3. 加强基本农田建设与管护

加强基本农田建设与管护的原则是"保护中建设，建设中保护"，重点对基本农田进行保护和建设，还要加大对基本农田的监管力度。建设基本农田示范区，保护基本农田，提高基本农田的质量。其中，在建立基本农田保护区的过程中，需要政府的大力补贴，对基本农田建设进行重点投资，扩大基本农田的规模和效益，进而形成良性循环机制。在开发建设中，建设用地不得占用基本农田。

**4. 开展基本农田质量监测与建设**

要对基本农田进行定期质量普查，并且要科学地对基本农田进行等级划分。监测农田的生态环境变化，防止工业和生活对农田土壤造成污染。要加大对农田的整治，要建设农田基础设施（水利道路等），确保农田的生产，并且要提高农田的生产能力。

## 三、宅基地、公共设施用地规划和经营性建设用地

综合考虑人口规模、用地标准、区位条件和村民意愿，确定农村居住用地布局调整（迁并）方案及公共设施用地安排，改善村民生活条件。根据乡村资源禀赋、产业特色、发展定位来考虑安排经营性建设用地布局。

**1. 宅基地安排**

优化宅基地用地布局，遵循方便居民使用、优化居住环境、体现地方特色的原则，根据不同的住户需求和住宅类型，按照道路交通设施、公共服务设施、基础设施等要求优化布局。有条件的村可因地制宜、按规则、有步骤地引导宅基地逐步向规划的村庄选址自愿、适度、有序集中。

**2. 公共设施用地安排**

按照推进城乡基本公共服务均等化目标，结合区位条件和发展定位，以人口为基础合理配置公共设施用地，具体包括村委会、卫生室、文化室、健身点、教育场所、公共活动空间等用地。

**3. 经营性建设用地安排**

优化经营性建设用地布局。根据自然条件、历史沿革、发展需求，充分考虑经营性建设用地和宅基地、公共服务设施用地、景观和绿化用地的占比关系，合理确定经营性建设用地的规模，并根据村域实际，制定商服、工业、仓储等经营性建设用地的管制规则。

## 四、区域交通用地规划

根据具体发展战略，合理安排区域交通用地，改善村民生产条件、村

级生产发展。

## （一）交通用地的分类

### 1. 交通用地

交通运输是各种运输、信息网络和邮电通信的总称，即人、物和信息的运载和输送。交通建设用地是指国家和地方兴建的铁路、等级公路、管道、机场、港口、通信设施等为交通运输服务的基础设施用地，是人流、物流、信息流的载体。

### 2. 交通的分类

交通分为交通运输、信息网络和邮电通信三种类别。交通运输可分为铁路、公路、水运、航空等运输方式。铁路分为快速铁路、一般铁路，其中一般铁路可分为Ⅰ级铁路、Ⅱ级铁路、Ⅲ级铁路；公路分为高速公路、等级公路、等外级公路，其中等级公路分为一级公路、二级公路、三级公路、四级公路；水运按通航载重吨位分为六级；航空运输按机型和机场大小分为四级。

## （二）交通用地的标准

### 1. 铁路用地的设计标准

铁路是我国最主要的交通运输方式，是国民经济运输的大动脉，它具有载重量大、速度快、环境污染少、连续性强、受自然条件影响较小的优点。目前，我国的铁路建设正处在一个新的高潮期。除了建设常规的铁路，现在我国又进入了建设高速铁路的新时代。我国第一条高速铁路京津快运专用线已建成，相继设计的诸条高速铁路正在规划或施工中。高速铁路的建设将使我国铁路建设进入世界先进行列，因此铁路用地必须优先规划、合理安排。

### 2. 公路用地的设计标准

公路是交通运输系统的主要组成部分之一。由于汽车运输机动灵活、快捷方便，中转装卸环节少，能够直接把货物运送到目的地，因此它是沟通城乡物流、人流的最方便的交通运输方式。另外，公路建设受其他自然条件约束少，工程造价低，主要建筑材料以泥土、沙石为主，所需的钢材、木材、水泥不多，而且可以因地制宜、就地取材，所以修建公路较易普及全国，形成覆盖面最为广阔的交通网络。公路的建设往往能改变土地利用的方式，我国许多农村沿公路建设就是最好的说明。

公路分为高速公路和等级公路，高速公路又分为 8 车道、6 车道和 4 车道三种。根据地形高速公路还可分为平原区的高速公路、山地丘陵区的高速公路，不同区域的高速公路用地标准也不尽相同。等级公路分为一级公路、二级公路、三级公路和四级公路，各种公路处在不同的地形区域，用地标准也不同，除了考虑路基宽度、道路长度，还要考虑道路弯道增加占地的系数和纵坡长度的限制。

在公路设计过程中，需要通过对速度的设计来确定几何线形。这种速度代表着没有不良气候的影响，只有公路本身的条件能够对车辆的行驶产生影响，是所有中等驾驶水平的人员都能够顺利安全地进行驾驶的速度。设计速度与运行速度的关系非常密切。观测与研究的结果显示，设计速度较快时，车辆实际运行的速度要低于这种设计速度；而设计速度较慢时，车辆实际运行的速度要快于这种设计的速度，这从侧面验证了设计速度关系着车辆运行的安全性。

车道指的是设置于公路上的带状部分，其目的是让车辆更加顺畅、安全地纵向排列并通行。车道宽度指的是车辆行驶时所需要的左右宽度，宽度需要根据车辆的大小及运行速度来确定。

停车视距指的是从驾驶人员观察到前方存在的障碍物，到在遇到障碍物前完成安全停车所需要的最短距离。

为了保证车辆能够安全行驶，所有一级公路和高速公路都会设置中间带，这是上述两种等级公路必须具备的功能。路缘带和分隔带共同组成中间带。从构造上讲，中央分隔带能够将对向交通分隔，分隔带的两侧设置了路缘带，它能够提供余宽并引导驾驶员的视线，保证行车安全。

由于有些车辆有时需要临时停车，因此如果条件允许，应当在 8 车道高速公路的左侧设置硬路肩，以确保行车安全。通常在高速公路内侧行驶的大多是小客车，因此左侧路缘带加左侧硬路肩总计宽度要求达到 2.50m。

在公路路基的横断面上，路肩与行车道是两个最主要的组成部分。若该路段有较多的非机动车行驶，那么需要对行车道作加宽设计，或者另外铺设专用车道；一级公路和高速公路的横断面包括中间带（由路缘带和中央分隔带组成）、爬坡道、加速车道、减速车道等。

汽车能够在曲线上顺适、安全行驶是确定圆曲线最小半径的标准。这个半径的数值要求当汽车在曲线部分行驶时，所产生的离心力等横向力要在路面摩阻力允许的界限之内。当公路受到地物、地形的限制时，能够允许采用的最小半径就是极限最小半径。计算的数值范围是0.10（120km/h）~0.15（180km/h），在这个数值界限内，驾驶员仍然能够感觉到顺畅。路面超高的数值通常为6%，个别情况为8%，在一些特殊情况下可为10%。

汽车的行驶状态会受道路纵坡坡长及坡度大小的影响，当纵坡坡长越长且坡度越陡时，汽车的行驶过程会受到更大的影响。举例来说，当行车速度明显下降时，驾驶员需要更换到较低的排挡，目的是克服坡度所带来的阻力，此时水箱也更容易"开锅"，导致汽车爬坡无力，甚至会造成车辆熄火；当汽车行驶在下坡路时，驾驶员需要频繁采取制动处理措施，此时容易造成制动器因发热而失效，严重的话还有可能引发车祸。为了减缓行车带来的冲击，必须在纵坡变更处设置竖曲线，保证驾驶人员的视距。需要按照抛物线来设置竖曲线，但设计时要采用曲率半径。在设计凸形竖曲线时，要考虑视距和缓冲冲击这两个因素，要保证竖曲线上的所有点被视距所控制；在设计长凹形竖曲线时，要考虑跨路桥下视距、夜间前灯视距与缓冲冲击等，以保证缓冲冲击能够被控制。根据冲击变化率、视距及行车速度，可利用公式计算出竖曲线的最小半径值，通常最小半径值应为这个值的1.5~2.0倍。竖曲线的最小长度应为设计速度3s内的行程，以免出现纵坡急变的现象。

**3. 港口用地的设计方法及标准**

在交通运输方式中，水运也是其中重要的一种，在江河沿岸通常会建立河运码头，要按照港口的设计方式来设计海港。

## （三）交通用地的规划

交通建设用地属于基础设施用地，一般在土地利用总体规划中做出安排。用地的规模和数量、用地的布局和走向由交通规划部门做出详细规划，经过国土部门审定、协调形成一致意见，最后纳入土地利用总体规划。规划的实施必须由国土部门协调安排。交通建设用地多是线状地物，在规划时要进行详细的量算，沿途需占用地类、占用数量都要搞清楚，它可以作为土地利用规划的预测成果和地类调整的依据。许多交通工程建设用地需要安排永久性占地和临时占地，对于临时占地，要注意做好土地复垦的规划设计。例如，占用耕地时，可以把表层的耕作层提取放置在别处，待挖完土后直接铺覆在补充耕地处，很快就可以恢复耕种，甚至可以当年复垦，当年收获。

**1. 对外交通规划**

落实上级规划确定的交通设施安排，确定用地规模和布局。根据实际需要制定与过境公路、高速公路的连接道路，以及村庄集聚点之间连接线的方案，明确各类交通道路的等级、走向和用地安排。

**2. 村庄内部交通规划**

根据交通现状和设施建设情况，提出现有道路的修建和改造措施，对新建道路应明确用地规模和布局。

# 五、土地整治规划

结合人居环境治理、风貌整治、生态环境修复、乡村景观建设等要求，因地制宜地制定农用地整理、农村建设用地整理、土地复垦、未利用地开发、土地生态整治等方案，引导聚合各类涉地、涉农资金。

**1. 农用地整理**

依据永久基本农田划定，开展农田水利建设、坡改梯水土保持工程建设、中低产田改造等，完善农田水利设施，改善农业生产条件。实现耕地总量动态平衡，坚持土地供给制约和引导需求。既要保障经济发展建设用地，也要优先安排农业用地和耕地，认真贯彻"十分珍惜、合理利用土地和切实保护耕地"的基本国策，为保护耕地提供依据。

**2. 划定永久基本农田整备区**

在明确永久基本农田保护地块的基础上，结合当地自然、经济、社会条件，新农村建设和土地整治项目，划定永久基本农田整备区。严格实行耕地保护，确定耕地数量，保障耕地质量，科学规划农田布局。结合城乡建设，划定基本农田区域，确保基本农田集中。

**3. 未利用地开发**

未利用地开发的前提是不能破坏生态与自然环境，结合农村生态环境保护、水土流失治理、海涂及岸线资源保护等，因地制宜地确定盐碱地、沙地、荒地等未利用地的开发用途和措施。

**4. 农村建设用地整理**

按照乡级规划和土地整治规划的要求，结合农房改建、村内道路改造、公共设施建设和环境治理，集中对散乱、废弃、闲置的宅基地和其他集体建设用地进行整治。减少农村建设用地的增量，通过城乡、区域协调发展促进乡村产业升级，提升农业现代化发展水平。突出特色产业，在促进城乡产业融合发展上，以工促农，以城带乡，以优势产业促进农民持续致富增收。

**5. 土地复垦**

《土地复垦规定》于1988年10月21日国务院第二十二次常务会议通过，自1989年1月1日起施行。土地复垦是指对在生产建设过程中因挖损、塌陷、压占等造成破坏的土地采取整治措施，使其恢复到可供利用的状态的活动。其适用范围为从事开采矿产资源、烧制砖瓦、燃煤发电等生产建设活动导致土地破坏的企业和个人。其主要内容是：土地复垦实行"谁破坏、谁复垦"的原则；各级人民政府土地管理部门负责管理、监督检查本行政区域内的土地复垦工作；各级计划管理部门负责土地复垦的综合协调工作；各有关行业管理部门负责土地复垦规划的制定与实施；土地复垦应当充分利用邻近企业的废弃物充填挖损区、塌陷区和地下采空区，对利用废弃物进行土地复垦和在指定的土地复垦区倾倒废弃物的，拥有废弃物的一方和拥有土地复垦区的一方均不得向对方收取费用，将废弃物作为土地复垦充填物，应当防止造成新污染；复垦后的土地达到复垦标准，经土地管理部门会同有关行业管理部门验收合格后，方可交付使用。对生产建设活动和自然灾害损毁的土地采取整治措施，使其达到可供利用的状态。

**6. 土地生态整治**

生态环境建设是一个复杂的系统工程，是从宏观到微观全方位的生态环境保护和建设过程，它的目标是营造一个节材、节能、环保、高效、舒适、健康的人居环境。乡村土地生态整治主要是指对水土流失、土地沙化、土地盐碱化、土壤污染、土地生态服务功能衰退和生物多样性损失严重的区域开展土地整治，修复土地生态系统。

**7. 其他整治**

结合美丽乡村建设，可根据需要开展水利、交通、风貌景观、村庄保留和改造等整治工作。

# 六、生态用地规划

生态用地安排在新农村建设中不可缺位，要把它放在同农用地和建设用地同样重要的位置上，其基础是生态环境承载力评价和生态敏感性评价，要合理划分生态保护用地与生态治理区，促进村域生态环境的稳定和安全。梳理乡村范围内的林地、草地、水域、湿地等生态保护用地，科学规划村域内生态公益林、防护林、水源涵养林等具有生态功能林地的面积和范围，确定各类水域、湿地的规模与分布。

严格保护基础性生态用地。严格控制对天然林、天然草场和湿地等基础性生态用地的开发、利用，对沼泽、滩涂等土地的开发必须在保护和改善生态功能的前提下，严格依据规划统筹安排。在规划期内，具有重要生态功能的耕地、园地、林地、牧草地、水域和部分未利用地占全国土地面积的比例保持在75%以上。

构建生态良好的土地利用格局。因地制宜地调整各类用地布局，逐渐形成结构合理、功能互补的空间格局。支持天然林保护、自然保护区建设、基本农田建设等重大工程，加快建设以大面积集中连片的森林、草地和基本农田等为主体的国土生态安全屏障。在城乡用地布局中，将大面积连片的基本农田、优质耕地作为绿心、绿带的重要组成部分，构建景观优美、人与自然和谐的宜居环境。

# 第二节　乡村水利工程用地规划

　　中国水土资源不足且分布不均，农业生产面临生态环境恶化和资源条件趋紧的问题，针对上述问题，农业水土工程长期在农田水利、水土保持、土壤改良、农业绿色高效节水、农业旱涝灾害预防等方面开展深入研究，取得了明显成效，为保护水土资源、提高水土利用效率、改善水土环境、确保粮食安全等做出了重要贡献。水利部统计，1978 年我国耕地灌溉面积近 7 亿亩，2012 年增加到 9.4 亿亩，增长约 34.0%，年均增长 1.0%。党的十八大以来，国家继续加大农田水利建设，农田水利条件显著改善。2017 年耕地灌溉面积为 10.2 亿亩，相比 2012 年增长 8.6%，年均增长 1.7%。可以说，在中国耕地资源、水资源等未显著增加的情况下，农业水土工程科技创新为实现农产品旱涝保收和生态环境改善奠定了坚实的技术和装备基础。

　　水利工程设施用地包括国家和地方兴建的大型水利工程、地方修建的大型水利工程配套的辅助工程、水库和一些水利设施用地。乡村水利工程包括农田水利灌溉工程、防洪工程、其他水利工程。村级土地利用规划需要考虑水利工程用地的规划标准和规划设计，尤其是农田水利灌溉工程的规划设计。

## 一、农田水利灌溉工程规划

　　农田水利灌溉工程是农业生产服务的基础设施，可以将水资源进行有效的控制、利用和输送，提升水资源的使用效率，为农业生产发展提供水资源配置服务，促进农田种植增收增产。我国水资源分布不均衡，很多地区水资源相对较匮乏，水旱自然灾害时有发生，因此加强农田水利灌溉工程对农业的生产具有重要的现实意义。农田水利灌溉工程和农业发展密不可分。对农田水利灌溉工程进行有效管理，结合农田的实际地质和农作物种植情况，对农田进行科学分析，有效控制实际用水量，科学灌溉，能够大幅提升农作物的产量，有效提高农业生产力。加强农田水利灌溉工程管理，分析当前存在的问题，优化农田用水，提高水资源的利用效率，推进农业现代化发展，保障农业经济稳定增长，促进农田水利灌溉工程向高质量方向发展，为农业集约化、规模化、现代化、专业化发展提供保障，对农民致富、经济和社会可持续发展具有非常重要的作用。

## （一）农田水利灌溉工程规划的设计准则

作为直接影响农民、农村、农业问题的工程，农田水利灌溉工程规划设计的相关部门一定要严格做好本工程的设计工作。我国农业应始终以惠民利民为基本指导方针，进而规划设计出科学、合理、安全、高效的农田水利灌溉工程。通过水利灌溉规划设计，选用科学的设计标准，并总结出农田水利灌溉工程的正确布局，对合理利用水土资源及发展区域经济具有积极意义。

### 1. 农田水利灌溉工程规划的设计标准

受河流径流量及农作物类别持续变化等因素的影响，农田水利灌溉伴随季节的变化而变化，存在不确定因素，平均每年的需水量和耗水量均具有一定的不同。所以，农田水利灌溉工程切不可完全根据传统经验设计，应该拥有科学、合理的设计规划准则，以保证规划设计工作具有科学性、合理性。农田水利灌溉规划设计以水利设施状况、区域水源情况，以及农业发展条件等因素为基础，并在全面考量之后方可确定。

一旦在初期出现涉及标准偏高的情况，那么保障农田水利的程度就要高一些，设计标准将会直接关系到工程的规模状况。从当前形势来看，农业水利部门多从灌溉设计保证率及抗旱天数两方面来制定准则。

### 2. 灌溉设计保证率

该指标是指在长时间使用条件下，水利灌溉工程用水应该充分达到年数和总年数的比值，这一比值就是农田水利灌溉设计保证率。农田水利灌溉工程要根据区域内部的作物种植情况及实际水文条件进行设计。

### 3. 抗旱天数

抗旱天数主要是指以小水库、塘坝等灌溉设施供水情况为基础，在降水偏少等状况下，保障农作物耗水所需天数。比如，灌溉设施的水源能够保证 80 天连续无雨的用水量，此水源地规划设计的标准为 80 天，上述抗旱天数的确定主要以规定时间内区域农作物需水时间为准则。此外，在农田水利灌溉工程规划设计过程中，还应充分结合区域的实际情况做出全面、具体的分析和研究。

## （二）农田水利灌溉工程规划设计

下面对农田水利灌溉工程规划设计的建设规模进行预测研究。

### 1. 预测农田水利建设规模

农田水利灌溉工程规划设计工作开始之前，应该先对农田水利建设规模实施预测研究，这一工作通常可以从以下几方面进行：区域经济和社会发展对灌溉面积的要求，全面考量农田水利在区域内部农业生产中的具体位置，以实现农民创收和保障粮食安全为基础，并在发展规划区域农业的前提下，研究区域农业经济对水利建设的实际需求，在此基础上确定出农田水利灌溉工程规划设计的具体规模。

### 2. 预测水资源灌溉规模的潜力

研究灌溉水资源的利用效率，并以水源视角来论证农田水利灌溉规模的发展潜能，然后再以区域为单位来测算水资源的实际承载力。按照水源规划确定的总耗水量利用状况及控制准则等，深入分析、研究农业生产对水源的具体需求量，从而保证农田水利灌溉工程水资源供求实现平衡的根本目标。

### 3. 预测农田水利灌溉的规模潜力

对地区农田水利灌溉的规模潜能进行分析、研究，重点是对区域农田有效灌溉面积及水资源灌溉规模潜力进行研究。然后，对农田水利灌溉规模进行预测，分析研究农田水利灌溉的规模潜力及水源供求关系，确定农田水利灌溉规模及实际灌溉面积。

## （三）农田水利灌溉工程规划设计的重要内容

### 1. 设计取水方法

取水方法是农田水利灌溉工程规划设计过程中的关键构成要素，其设计方向应当按照不同区域灌溉水源来确定。灌溉水源具体分成两种：一种是提水取水，另一种是自流取水。农田水利灌溉工程规划设计的取水方法一般根据以上两种水源来设计。

自流取水主要是以河流水为主的灌溉方法，它包括两种方式：一种是有坝取水，此种取水方式通常在地下水位很低的情况下使用，其水量虽然充沛，却不能自行流入农田。为保证正常灌溉，一般都在河道上修筑节制闸或者堤坝，这样才能将水源引入农田中。另一种是无坝取水，此取水方式的设计可分成建闸和不建闸。为避免由不建闸而无法控制洪期的水量导致的农田被淹、渠道被冲等问题，最好在设计过程中建闸，从而确保水流的稳定性，降低水流对引水口的侵蚀。

**2. 农田水利灌溉工程规划设计的基本原则**

（1）安全性原则。安全性是所有工程应遵守的要求，在农田水利灌溉工程建设中需要尽量避免出现深挖方、高填方和险段位置施工，还应避免在沿河位置设置此工程，以防山洪将其冲垮、冲毁。

（2）综合利用原则。灌溉工程需要集中落差，同时结合水利工程，开展多种经营，全面且合理地利用水资源。另外，相关工作人员还应重点考虑河水灌溉与井水灌溉，构建起地表水和地下水综合利用的水利灌溉系统，确保农田水利灌溉工程得以正常使用。

## （四）农田水利工程的监督管理

### 1. 加大水利灌溉工程监管力度，加强农田水利灌溉工程管理

要加强农田水利灌溉工程的管理，不能"重建设、轻管理"，要切实加大农田水利灌溉工程的监管力度。建立健全与水利灌溉相关的法律法规，保障农田水利灌溉工程作用的发挥。同时，及时维修损坏、老化的水利设施，避免水资源浪费，确保水利灌溉工程功能的完整性。此外，加大水利灌溉工程的巡查监管力度，避免人为破坏或自然损坏影响农田水利灌溉效率。另外，加大管理人员队伍的建设力度，加强业务培训，提升管理人员履职尽责的能力，提高农田水利灌溉工程的运行管理水平。

**2. 加大水利灌溉工程资金投入的力度，保障农田水利灌溉工程的发展**

农田水利灌溉工程的发展需要强有力的资金支持。各地要结合实际情况，在农田水利灌溉工程的建设管理过程中加大资金的投入力度。首先，做好水利灌溉资金的整体规划，有效利用国家财政资金拨款，做好资金的统筹调配。其次，开源节流，建立多元化的资金筹措方式，积极引导各大企业为农田水利灌溉工程捐款，申请国家银行低息或无息贷款，合理调整灌溉水费收取标准，通过多种形式做好资金筹措工作。最后，严格把控水利灌溉工程资金的使用，加强资金使用监督，确保每笔资金使用的合理性与规范性，提升资金的使用效率，保障农田水利灌溉工程的应用和发展。

# 二、防洪工程用地设计标准

## 1. 防洪工程的等级标准

防洪工程是由修建水库、分洪或蓄洪工程、修建堤坝、河道整治、开挖新的河道等系列工程组成的完整的工程体系，用来保护居民点、工矿企业和农田免遭洪涝灾害。防洪工程要依据保护的对象和设计的保护标准来制定工程的用地规划。以农田保护为例，按保护面积将其划分为四级：33.33 万 hm² 以上的为大 I 型；6.67 万~33.33 万 hm² 的为大 II 型；2 万~6.67 万 hm² 的为中型；小于 2 万 hm² 的为小型。

## 2. 防洪工程用地标准和规划

防洪工程包括水库、蓄洪区（或分洪区）、河道、堤坝等工程。前两者为面状工程，后两者为线状工程。水库要按水库的最大库容和最高水位来设计用地面积，最大库容由最高水位决定，确定最高水位后，根据等高线量算用地规模，也要预留水位最高时水浪所波及的高度。蓄洪或分洪工程用地要根据水库最大容量来决定，一般由堤坝所围的范围来决定容量和堤坝的高度。堤坝和河道用地是由规划设计的流量决定的，并由流量决定河道的断面宽度，再根据长度求算占地面积。堤坝设计的标准要因对象而异，如一般农田的防洪标准是按 5~10 年一遇的标准设计，城市的防洪标准则要提高到 50~100 年一遇的标准。

## 三、其他水利工程规划

### 1. 治涝工程用地规划

治涝工程一般由排水闸、排水站、挡潮闸和排水渠道组成。前三者为点状工程，也是必要的辅助工程，其用地按水利部门的设计安排。排水渠道按最大降水后形成的最大积水深和设计排水流量设计宽度，再按排水渠道的长度计算用地面积。

### 2. 排水工程用地标准与规划

一般排水工程包括田间排水系统、骨干排水工程和排水设施。田间排水系统一般列入农田配套工程，不单独安排用地；骨干排水工程则按设计排水流量决定渠道的深度和宽度，再按排水渠道的长度确定用地面积；配套的排水设施按规划设计的大小确定用地面积。后两者用地面积要纳入土地利用总体规划水利设施用地的规划内容。

### 3. 水电工程用地规划

水电工程包括水力发电工程、引水式电站和抽水蓄能式电站。发展水力发电是我国国民经济与社会发展的需要，要充分利用水资源发展水力发电事业。一般水力发电工程大多和水库、河流相连，发电设施与水利工程一起建设，其用地也不用单独安排。水电工程按装机容量可分为五个等级，即 75 万 kW 以上的为大 I 型，25 万~75 万 kW 的为大 II 型，2.5 万~25 万 kW 的为中型，0.05 万~2.5 万 kW 的为小 I 型，0.05 万 kW 以下的为小 II 型。

### 4. 水库建设用地规划

水库是水利工程中重要的建设用地项目，一般的水库多是面状地物，是占地较多的水利工程项目。水库多建设在山区，按照库容量水库可分为五个等级，即大 I 型水库(库容大于 10 亿 m³)、大 II 型水库(库容大于 1 亿 m³ 且小于 10 亿 m³)、中型水库(库容大于或等于 0.1 亿 m³ 且小于 1 亿 m³)、小 I 型水库(库容大于或等于 100 万 m³ 且小于 1000 万 m³)、小 II 型水库(库容大于或等于 10 万 m³ 且小于 100 万 m³)。水库用地要根据最高水位面淹没的高度沿等高线量算。

**5. 水利工程设施建设用地规划**

水利工程用地属于基础设施建设用地，一般土地利用总体规划要予以安排。用地数量由水利规划设计部门规划，土地资源管理部门要根据规划设计标准进行审核，经过协调后在村级土地利用总体规划中予以安排。

# 第三节　乡村土地利用结构调整与布局优化

根据村级土地利用规划目标，对村域内各类用地进行综合平衡，合理安排各类用地，调整用地结构和布局，统筹协调土地开发、利用、保护、整治措施和区域土地结构调整方案，落实乡级土地利用总体规划各类用地的控制性指标。

## 一、农用地结构调整与布局优化

农用地结构调整与布局优化以耕地保护为核心，结合全村经济社会发展实际、自然环境条件和各类土地的适宜性程度，严格控制耕地流失，加大补充耕地力度，加强耕地(特别是基本农田)的建设与保护，在合理确定耕地保有量的基础上，适当提高林地比例，促进农用地综合生产能力和利用效益的提高。

### 1. 严格保护耕地，优化农田布局

耕地作为乡村中占比比较大的一种土地类型，正面临减少的趋势，虽然得益于我国近年来减少城镇建设用地的扩张等多项调控政策，减少趋势有所放缓，但是依然存在。保护耕地不仅要做到耕地的不再减少，还要保证土地质量的不断提高，增加农产品的产量，尤其是粮食产量，不再因扩容农业用地而挤占其他用地。

前期要划定基本农田，保证粮食的产量不减少；与此同时，要在宏观层面统筹好整体的后备土地资源，在保证基本粮食产量的前提下，还有一

定数量的备用土地，保证在遭遇特殊情况或灾害时能够做到及时补充。将优质的耕地作为重点保护对象，优化耕地布局，做到集约利用。

**2. 重视土地复耕**

作为城市化、工业化进程的"后遗症"，荒废土地或已被破坏的土地的出现难以避免，这部分土地应该受到高度重视，作为一种可复耕土地加以利用。部分工矿产业的没落随时带来的环境问题，迫使很多资源型城市积极寻找转型方向，因而要加快对煤矿企业的整治与清理。对于空余出的土地，利用科学方式使之能够恢复生态活力，加以利用并进行土地复耕是很有必要的。

## 二、建设用地结构调整与布局优化

坚持节约集约用地、严格控制新增用地规模，根据建设用地控制规模目标，统筹安排建设用地，保障重点项目。深化农村土地整治，尽量引导乡镇企业用地向工业区集中，农村居民点向中心村集中，逐步缩小农村居民点用地规模。统筹区域土地利用，优先保障重点能源、交通水利等基础设施用地。

我国仍处于城镇化加速发展时期，建设用地大幅度增加，这会直接导致农业用地的空间被挤压。在近几年的城市面积扩张过程中，部分政策前瞻性不足导致规划不合理，形成了限制用地，想要保持区域可持续发展的动力，重点是控制建设用地并进行集约利用。建设用地的控制要从源头上进行把控，就是要从行政层面严格建设用地的审批程序。在此之前要做好长远的城乡规划，也要考虑到环境保护等问题，相关部门之间要做到信息共享，综合把关，合理运用社会监督机制，对违规乱建的现象及时进行制止。同时在严格审批建设用地的基础上做好合理的规划、科学的布局，及时对城市扩张方向进行研判。

部分乡村的土地利用方式较为落后，会造成土地资源的浪费，因此要持续加强土地管理工作，促进土地利用结构优化，加大对闲置土地的利用力度，对废弃土地进行合理开发，提高土地集约利用水平。

## 三、生态用地结构调整与布局优化

根据上级规划确定的生态保护红线和生态保护规划内容，结合村域生态用地的调查研究结果，具体落实生态红线与禁止建设区、限制建设区内的各种用地地块。结合生态林保护、水源地保护等相关规划的要求，依据国家确定的重要性级别，对村域内的各类生态用地实行分级保护，并分别制定保护与治理措施。

"绿水青山就是金山银山"，要想促进土地生态的恢复，改善生态安全，就要不遗余力地加大土地整治力度，避免乡村中出现土地利用率低下、过度开荒的现象。对乡村土地进行合理的集约利用，增加储备用地，对于水土流失的生态问题要加大整治力度，利用科学手段使其恢复至原有的水平，使之能成为乡村土地资源可持续利用的夯实基础。

改善土地生态环境，包括建立生态环境安全控制区，加强对控制区的保护和管理，禁止区内开发其他非农业活动，维护区域内生态环境；科学对生态功能区进行划分，如防护林保护区、重要水源地保护区和生物多样性保护区等，因地制宜地扩大乡村林地规模，建设特色林果业基地；建立公共参与土地生态保护机制，提高公民保护土地生态的热情和积极性，为建设"绿色乡村，美丽乡村"尽一份力。

# 第六章
# 乡村振兴战略与村级土地
# 利用规划的融合

随着乡村振兴战略的深入推进,乡村土地利用规划与管理问题逐渐暴露。为优化乡村振兴基础条件,应当加强对乡村土地利用规划的编制与技术路线的规划。实现村级土地利用规划,对农村土地的利用与供给实施精细化管理,不仅是新时期农村发展的新要求,而且是支撑和服务乡村振兴战略的重要保证。本章将重点分析乡村振兴战略下村级土地利用规划的编制、村级土地利用规划的技术路线。

## 第一节　乡村振兴战略下村级
## 土地利用规划的编制

### 一、乡村振兴战略对农村发展的意义

### (一) 促进农村地区的精神文化建设

乡村文化振兴是乡村振兴战略的主要内容之一,加强农民群众的精神文化建设,能够有效促进农民群众思想观念的积极转变,使他们在充分发扬优秀传统文化的前提下,推动农村地区的文化发展。同时,在广大农村地区开展精神文化建设,可通过新农村精神风貌的大力展示,全面推动乡村旅游经济和文化经济的快速发展。所以,以乡村文化振兴为核心的农村

地区的精神文化建设，能够为实施土地利用管理和村土地利用规划提供有效保障。同时，农村地区旅游经济和文化经济的不断发展还能促使自然资源管理人员不断创新与完善管理工作方式。

## （二）促进农村经济的快速发展

乡村振兴是我国政府为促进农村地区快速发展而提出的重大发展战略，其中乡村产业振兴是有效解决"三农"问题的重要策略，可以为乡村社会的稳定与发展提供有效保障。要实现乡村产业振兴，就必须在确保国家粮食安全的前提下，加强外向型农业产业的发展，同时促使农业与其他产业有效结合，并以此打造规模化产业体系。乡村振兴战略是针对"三农"问题提出的，在乡村产业振兴战略的指导下，积极构建土地利用规划工作机制，能够有效促进我国农村地区的稳定快速发展。

## （三）促进农村地区的人才培养

在现代农业发展过程中，农村企业的人才队伍建设发挥着至关重要的作用。振兴人才队伍，不断增强农业产业的竞争能力，从而进一步促进农业、农村的现代化发展。随着我国城市化进程的不断加快，农村地区的大量劳动力纷纷融入各个城市，对农业、农村的发展造成了一定影响。乡村人才振兴战略的实施，将大力吸引各种人才积极参与乡村振兴大业，这同样是国土空间规划实施的基本要求。目前，不少地区相继实施了企业兴乡、能人回乡等多种策略。在乡村振兴战略具体落实过程中，高度重视农业相关产业人才的培养或培训工作，为农业、农村的快速发展提供诸多人才资源，确保土地利用规划目标有效实现。

# 二、村级土地利用规划编制思路与要求

## （一）落实乡规，统筹规划

村级土地利用规划是乡（镇）土地利用规划的重要组成部分和具体补充，在编制村级土地利用规划时，要做到统筹兼顾。在规划时不能只把重心放在村庄发展这一块，而对其他方面的要求规划不到位，要统筹安排生态环境保护、农业发展、村庄建设等各项用地。根据上级规划对各项用地的具体限制和要求，结合自身的发展特色，对各项用地的结构与布局做好统筹规划与安排。

## （二）生态优先，绿色发展

"绿水青山就是金山银山"，生态环境是我们赖以生存的家园，村级土地利用规划要重视生态空间的优化和村庄环境的保护，把与生态空间相关的安排放在首要位置。乡村振兴战略的目标是把广大的农村地区变得更加生态宜居。所以，在编制村级土地利用规划时，要能够体现"生态优先、绿色发展"的理念，宣传推广环保绿色的产业模式和生活方式，这也是乡村振兴战略的重要内容。

## （三）因地制宜，特色发展

纵观我国从古至今各地区不同的发展情况，凡是经济发展较好的地区，都充分发挥了自身优势，让优势变成发展的动力。每个村庄都应该挖掘自身特色，适合往哪个方向发展就往哪个方向发展，宜农就农、宜旅就旅、宜商就商。在编制村级土地利用规划时，根据实际情况坚持因地制宜的原则，积极主动地发现自身的特色，把自身特色优势转化为第一生产力，持之以恒地发展壮大自己，塑造富有特色的村庄总体风貌。

## （四）通俗易懂，简单易行

村级土地利用规划的具体服务对象是广大农村居民，因此在编制规划文本时要采用通俗易懂的文字和表达方式，如漫画等形式。一般来说，土地利用规划的各项术语和图表都比较专业，有些村民可能无法理解规划方案，这就会使规划方案失去意义，所以在规划探索阶段要形成一套较为具体且全面的成果，同时也应探索简约的成果形式，便于村民理解，只有这样才能顺利地实施规划方案，助力乡村振兴战略。

# 三、村级土地利用规划编制理念

## （一）尊重农民意愿

村庄是农民居住的场所，也是他们生活、生产的场所，当村级土地利用规划涉及群众切身利益的时候，应该让村民积极参与其中，从村民的角度考虑，尊重村民在土地利用规划过程中提出的意见，尽可能将他们的意见进行规整，然后进行土地整理和规划，让村民积极参与，在其中踊跃发表自身的意见。

## （二）建立蓝图

在编制乡村土地利用规划的过程中，要拥有科学合理的理念和方法，尽可能地对生态、生产、生活三个空间进行科学合理的协调，村级土地利用规划要紧紧围绕村庄目前的发展情况和未来的发展趋势进行。当然，新产业在发展方向上要不断地突出，要重视村庄在建筑建设过程当中的原始风貌，延续村落之前的发展形态，只有这样才能使村庄内部的历史文化脉络得到进一步的传承，才能使农田的保护底线得到进一步的坚守，使生态资源在规划的过程中不会受到破坏。统筹重要的基础设施和公共服务设施的建设规划，不断落实各行各业的空间布局，使土地的利用率能够达到最高水平，建立一个与农民切身利益相关的空间规划体系。

## （三）融合发展

当然，在发展的过程中，我们不能忽略融合发展的理念，如果想要积极地将融合发展的理念贯彻到底，那么就需要对新型的城乡空间格局进行构建，要不断根据乡村未来的发展趋势和城市目前的发展状况进行科学合理的规划。根据区域目前的发展现状使农村的农业工业和服务业得到进一步的融合，提高农村未来的发展效率和发展质量。村级土地利用规划在一般情况下是按照产业与农田相融合的理念来进行编制的，使村庄的综合能力不断得到改善，乡村生活环境质量的提升使乡村土地的功能布局及土地资源的利用效率不断得到优化和提高。

## 四、村级土地利用规划编制的主要内容

### （一）乡村土地利用存在的问题

目前，我国农村地区在土地资源利用与管控方面存在许多问题，严重制约着农村的发展。比较突出的问题有对生态问题的不重视、土地资源浪费、耕地后备资源不足、土地质量不断下降等。村级土地利用规划的目标是加强对农村土地资源科学有效的利用与管理。规划的基础就是村庄土地利用现状及反映出的问题，因此编制村级土地利用规划的一个重要前提就是编制人员一定要到村庄进行具体的调查与统计，并在综合分析村庄的现状及发展条件后，规划村庄未来一段时间发展的总体目标和要求。

### （二）土地利用结构调整与布局优化

村级土地利用规划要以国民经济各部门的发展目标为基础，调整村庄的各项用地结构。农村地区应该在"三条红线"的约束下重点对农用地、建设用地和生态用地进行调整。只有各项用地的结构合理，才能使土地利用达到最大的效率，促进村庄的全面发展。另外，要依照功能分区的要求，在村庄土地利用现状分析的基础上，对各项用地进行合理布局。其中，村民生产生活区、永久基本农田和耕地保护区、村庄生态区的划分和布局对村庄的稳定发展尤其重要。在规划时，要按照行业经济规律和产业发展目标，优化农业生产结构，努力提高农用地利用效率和生产能力，改善生态环境质量，保障村庄的可持续发展。

### （三）生态空间、农业空间、建设空间的安排

农村的用地空间可以简单地划分为生态空间、农业空间和建设空间。

**1. 生态空间**

从现在农村的发展情况来看，农村不合理的开发使建设空间和农业空

间不停占用生态空间，农村生态空间逐渐减少。在对村庄进行规划时，要清楚地了解村庄生态环境保护情况，以当地生态保护红线为依据在村庄划分出生态敏感区、限制建设区。

**2. 农业空间**

对农业空间进行安排时，要坚持保护耕地原则，保证耕地的数量和质量，以满足全村发展的需要。全面科学地划定永久基本农田是我国为提升粮食安全保障能力、保障农民切实利益做出的重大战略。各村应结合本村的环境、地势、交通等实际情况发展特色农业。

**3. 建设空间**

农村居民点的布局和建设用地规模应当遵循节约集约、因地制宜的原则合理规划。要充分利用好村里闲置宅基地，这样一来既可以增加农民收入，又能给村里有需要的人员提供生活或生产场所。要提倡"一户一宅"制度，严格落实宅基地的申请、退出等程序。农村公共设施建设需求量较大，在进行村庄规划时要具体分析村庄情况，合理地对各项公共服务资源进行配置。

## （四）全域土地综合整治

全域土地综合整治是针对农村地区的土地整理项目，通过土地整理、复垦等措施对田、水、路、林、村进行综合治理。在编制村级土地利用规划时应从生态保护修复、农用地整理、建设用地整理三个方面进行综合整治。要根据具体情况对水土流失、土地沙化、土壤污染、土地生态服务功能衰退等区域开展土地整治，修复土地生态系统。建设用地整治要结合环境污染治理、住房改建及公共服务设施建设等方面的内容，集中对散乱、未利用、废置的宅基地和其他集体建设用地进行综合整治。要对农用地实行增减挂钩政策，根据农用地被占的具体情况采取"占一补一"政策，以实现农业用地占补平衡。对已完成整理的农用地按照宜林则林、宜耕则耕、宜园则园的原则，合理安排整理后的土地利用方式。

# 五、乡村振兴战略下村级土地利用规划编制措施

## (一) 提高规划法律地位

应该提高村级土地利用规划发展的地位，特别是要对审批主体、实施主体和规划审批问题予以充分重视。对规划法治工作进行不断的完善和改进，并将其纳入五级规划体系，有利于其法律地位的提升。

## (二) 夯实数据基础

基础调查其实是非常重要的，因为基础调查的成果质量往往会决定最终的规划效果。因此，在规划之前必须对基础的土地情况进行进一步的调查，尽可能将农村发展的现状摸清，使规划和现状之间的矛盾不断减少，尽可能减少在规划和发展过程当中的阻碍。调查的主要内容包括自然资源条件、社会经济状况、土地利用状况、基础设施状况、公众参与情况，这些调查的最终结果在一定程度上能够帮助我们更好地了解民意，体恤民意。只有在确定民意的基本倾向之后，我们才能更好地进行下一步的规划工作。

村级土地利用规划要在遵循可操作性和可实施性的原则下沿用乡(镇)级土地利用规划内容。在确权的引导下，加大土地调查力度，增加不同比例尺的数据收集，以促进土地资源利用数据库的建立，加强规划编制数据基础的建设。

## (三) 合理规划

村级土地利用规划的一个重要前提就是对实际情况进行了解，这可以利用外业踏勘、驻村体验及调查问卷等手段来进行，还可以利用大数据或者无人机航拍等技术，从而把握乡村条件、市政设施、交通设施及农产品种植情况，对乡村发展问题和农民需求进行深入了解和把握。此外，在土地利用规划编制过程中也要遵循实事求是的原则，并将有重大产业的村联合起来建立试点，完善各村之间的建设用地调

乡村振兴战略与村级土地规划

剂工作，对农田和耕地布局进行合理规划，充分地将规划的价值激发出来。

在村级土地利用规划编制过程中要实现人人参与，凸显村民和村干部的规划主体作用。要求村民对规划作用和编制内容有明确的了解，广泛地吸收和接纳村民的意愿和想法，虚心听取村民意见，通过协商来统一意见，并利用公示和听证的手段来获取村民的认同。根据土地利用规划的内容对村规民约进行完善，真正实现村民对土地利用的自治目标。规划审批后就应该制定实施方案，并促进其落实，确保土地利用规划编制工作高效完成。土地利用存量规划的一个主要特征就表现在其节约集约性上。此外，村级土地利用规划编制工作也要根据建设用地规模指标进行，特别是一些有新增建设用地的村落，更需要落实好建设用地的整理和开发工作，有效提升存量建设用地的利用率。在村级土地利用规划的编制过程中要重点对村民闲置的建设用地和有复垦潜力的土地进行合理利用。可以进行建设区域的划分，利用复垦区规划、专项规划等促进乡村振兴战略下村级土地利用合理规划。

## （四）优化规划编制内容

在农业供给侧结构性改革的前提下，需要不断拓展村级土地利用规划内容的范畴，促进产业和生态的融合发展，对各种融合技术和手段进行研究，以便土地利用规划工作的实施。同时也要促进新形势下规划历史使命的形成，从而不断地优化村域生态空间、生活空间、生产空间等。村级土地利用规划编制不应受限于传统的规划体系，而要根据村庄的实际需要进行科学、合理的规划和编制。地域不同，类型不同，所需要的规划驱动需求也有所不同，这就需要从产业发展和资源优势等方面进行综合考虑，以确保土地利用规划编制的科学性、客观性。

## （五）发展新型产业

要依据乡村实际发展情况来制定乡村振兴战略，同时还要综合考虑乡村的自然条件、产业区位及人文特征等，以促进新型产业的建立，从而促

· 146 ·

进乡村的快速发展。此外，还可以根据乡村旅游发展和乡村振兴战略的要求进行村级土地利用规划，从农村发展需求出发，对其城镇化程度和区位特征等条件进行综合考虑，以促进农民生活、生产方式的转变，促进农村绿色生态农业的发展，实现强村富民目标。

# 六、乡村振兴战略下村级土地利用规划编制流程

村级土地利用规划的编制流程主要分为工作准备、现状分析评价、规划目标确定、方案编制、规划论证报批五个阶段。

**1. 工作准备阶段**

工作准备主要包括组织准备和技术准备。组织准备包括建立村级规划编制的决策、组织和经费保障机制；技术准备包括基础资料调查、补充调查并形成数据基础及收集相关工作底图。

**2. 现状分析评价阶段**

对村域人口、经济发展、社会事业、土地利用等方面展开分析，研究主要问题，明确村级规划的主要发展方向和重点。

**3. 规划目标确定阶段**

结合乡级土地利用总体规划下达的各项规划目标及指标，结合村域自然、经济条件，明确村级规划的主要目标和任务。

**4. 方案编制阶段**

围绕优化土地利用布局、改善农村发展条件的目标，结合分区引导管控，统筹安排村庄建设用地、农业用地和生态用地，实施土地整治，完善保障措施。

**5. 规划论证报批阶段**

通过专家评审、座谈会、村民会议等形式，对规划成果进行论证，并经村民代表同意后，按程序进行报批。同时，遵循公开、便民的原则，在村委会、公共活动空间等区域，采取多种渠道和多种方式公示，并将其作为村规民约严格执行。

# 第二节 乡村振兴战略下村级土地利用规划的技术路线

近年来，我国城镇规模不断扩张，农村劳动力流失严重，传统农业管理方式弊端日益显露，导致城镇与农村发展差距越来越大。在此形势下，合理利用农村土地是乡村振兴的关键。2017年2月，原国土资源部发布《关于有序开展村土地利用规划编制工作的指导意见》，明确指出在全国有条件的地区开展村级土地利用规划编制工作。根据该指导意见，村级土地利用规划将依据以上相关规划，以"多规合一"为出发点，以全域土地综合整治和乡村治理为抓手，精细化管理农村土地利用的各类活动，保障新时期农业、农村发展需要的各类用地，服务于乡村振兴战略的实施。

## 一、乡村振兴战略下土地利用规划的技术路线

### （一）确立发展目标

在"多规合一"理念的引导下，要充分结合乡（镇）村布局规划、村庄规划及整体规划等，促进发展方向的确定，并据此进行合理的土地布局，在资源限制下进行绿色乡村风貌的构建。乡村振兴战略的实施是实现乡镇整体发展的前提和基础，在资源的流动下促进两者相互作用和相互制约关系的形成。对乡村外在资源进行合理发现，对新型产业和文化旅游潜力予以深入的挖掘，加强绿色生态家园的建设和保护，促进农村的快速发展。对乡村内部资源的利用也要符合可持续发展原则，提高土地资源的利用率，加强农村基础设施建设，加快新农村建设的发展步伐。要在自然发展规律和"多规合一"理念的引导下，将村民意见和建议纳入乡村发展规划，促进乡村土地新格局的形成，并为和谐、文明的乡村建设提供条件和基石。

## （二）结合乡村振兴战略目标

让农民实际收入提升是乡村振兴战略的重要目标。为了促进农村活力和生命力提升，需要加强资源的推动，为了有效加强城乡融合的步伐，可以通过土地流转、集中资金及加速人口流动等手段来实现。扩大产业规模可以通过土地经营权流转来实现，从而实现土地整治。加强农村基础设施建设，集中农业资金，加强乡村管理制度的建立，打造宜居宜农的农村环境。这对实现乡村振兴、提高农民收入和提升农业产量等都有积极的推动作用。

## （三）加强用途管理制度

对传统的土地生活、生产、生态建设的划分要给予充分的尊重，对农业空间和生态空间进行改善，落实上级的土地规划要求，并科学地管理和修复生态重点保护区。对耕地和基本农田的相关制度进行明确，对住宅基地、商业经营性用地的布局进行合理规划，完善公共基础设施建设，完善土地规划优化方案，对村镇边界线和农田边界线进行划分，明确按照土地利用规划来利用土地。

## （四）对全域进行综合治理

以整体规划为指导，加大全域综合治理力度，将农业资金予以归集，加强土地资源流通，推进空间规划的动态化发展。实现增减挂钩，科学规划农田建设用地和耕地占比，实施农业综合开发策略，对乡村公共基础服务设施不断进行改进和完善，对生态环境进行保护，并及时修复已经破坏的生态环境，加大乡村旅游业的开发力度，集中规划已经废弃、荒凉的土地，加强新农村建设用地的规划，并促进土地建设质量的提升。此外，还可以采用现代化技术来实现大面积耕地的管理，促进土地指标的顺利完成，加强土地质量改善，真正提升农民收入。以往都是以户为单位来进行乡村土地管理的，这也造成了资金、劳动力、技术等的分散，不利于土地利用价值的提升，同时也浪费了大量的劳动力，为此有必要进行农村用地的统一规划，加强对新型产业的挖掘，促进农村土地用途管理的合理化、科学化发展。

## 二、村级土地用途管制规则的细化与实施

土地用途分区依据村域经济社会发展条件及各地自然、气候、资源等因素，根据其发展要求、土地利用关系和土地用途管制的需要，综合考虑不同地块土地开发现状、资源环境承载能力和开发潜力，以及土地开发、利用、保护、整治等要求，统筹协调各类用地安排，从管理需求出发，采取公众参与的方式划分土地用途分区，并制定有效的管制规则。通过村级土地利用功能划分与土地利用规划指标相结合的方法，把规划目标定位、具体内容、土地利用结构和空间布局安排调整及实施的各项措施落实到各个土地利用区域，提出土地利用的各项用途，因地制宜地制定各区块的管制规则。

村级土地利用规划管制规则应包括耕地、宅基地、设施农用地、公益性设施用地、集体经营性建设用地等不同用途土地的使用规则。组织保障应该包括地方政府的行政保障，涉农涉地资金的平衡，土地权属调整依法依规、切实可行等内容。此外，应该做好规划制定后的实施督查等工作。

在村级土地利用规划目标的引领下实施乡村振兴战略，尊重传统村域土地生产、生活、生态用地功能，优化生态空间、农业空间和建设空间，落实上级规划空间控制目标任务，明确特殊重要生态功能、生态环境敏感脆弱区域的生态用地规模、管制规则和保护修复措施；明确耕地与永久基本农田保护、高标准农田建设与耕地质量建设目标、三产融合中设施农业用地的监管规则；明确宅基地、经营性用地的布局和规模，合理配置公共服务设施用地、落实上级规划交通用地、基础设施用地、绿化用地的规模和布局，制定布局优化方案和管制规则，划定村镇建设边界、永久基本农田保护红线和生态保护红线，细化各类用地布局，实现更加翔实、明确的全域土地用途管制。

# 第三节 乡村振兴与农业工程项目的融合

乡村振兴战略提出了"五大振兴",其中产业振兴、生态振兴、人才振兴对乡村农业工程项目提出了新要求,也带来了新机遇、新挑战、是乡村振兴战略与美丽乡村建设实现的融合途径。

## 一、产业振兴对农业工程科技创新提出的新要求

### (一)迫切需要提高农业水土工程技术水平,夯实农业综合生产能力基础

粮食安全是国家安全的重要基础,保障粮食安全,关键是要保障粮食生产能力,把高标准农田建设好,确保需要时能产得出、供得上,实现藏粮于地。2016年,中国农田有效灌溉面积占比仅为49.7%,中低产田占比仍然较大,高标准农田只占耕地总面积的23.8%。农田水利建设滞后仍然是农业稳定发展和保证国家粮食安全的最大限制因素。《乡村振兴战略规划(2018—2022年)》提出,要确保到2022年建成10亿亩高标准农田。这给农业工程技术创新提出了更高的要求,需要农业工程科技工作者积极研发促进不同地区的水土资源持续高效利用、提升农田耕地质量及改土培肥等的工程技术、模式和装备。

### (二)迫切需要提高农产品加工贮藏工程技术水平,促进一、二、三产业融合发展

2018年,《中共中央 国务院关于实施乡村振兴战略的意见》提出,要构建农村一、二、三产业融合发展体系,延长产业链、提升价值链,实施农产品加工业提升行动,加强农产品产后分级、包装、营销,建设现代化农产品冷链仓储物流体系。国务院办公厅印发了《关于进一步促进农产

品加工业发展的意见》，以推动农业供给侧结构性改革，推动农产品加工业转型升级。2022年全国规模以上农产品加工企业营业收入超过19万亿元，农产品加工业产值与农业总产值比达到2.52:1。但相比农业发达国家，我们仍有很大的进步空间。迫切需要加强农产品加工、储运及销售全产业链技术研发，着重在农产品减损、商品化处理、副产物综合利用、保鲜冷链运输、精深加工等重点环节开发出一批先进、适用的技术和装备。

### （三）迫切需要提高农业装备和信息化水平，提高农业生产效率

农业机械化、农业信息化、设施农业等农业工程技术是提高农业生产效率的关键手段。与国外先进水平相比，中国农业生产效率依然不高。当前，中国农业生产全程全面机械化水平和设施农业占比与发达国家相比还有很大差距。乡村振兴战略规划提出，要提升农业装备和信息化水平，推进我国农机装备和农业机械化转型升级，加快高端农机装备和丘陵山区、果菜茶生产、畜禽水产养殖等农机装备的生产研发、推广应用，提升渔业船舶装备水平。加快农业信息化建设，大力发展数字农业，推进农业遥感、物联网应用，提高农业精准化水平。这亟须在资源节约型农业机械、设施智能生产、农业遥感与监测技术、精准农业和智能装备、农业大数据等农业工程技术方面加大研发力度，以现代装备和信息技术提升农业，促进农业转型升级。

## 二、生态振兴对农业工程科技创新提出的新要求

### （一）迫切需要提高资源利用工程技术水平，推进农业绿色发展

中国化肥使用量处于相对较高的水平，但平均化肥利用率相对较低，农药单位面积用量处于相对较低的水平。据第二次全国污染源普查测算，我国畜禽粪污年产量在30.5亿t，综合利用率达到70%提高主要农作物化肥利用率，提高畜禽粪污综合利用率。这就要求我们要进一步加大对农业

投入品减量增效、废弃物资源循环利用、农村可再生能源开发利用等方面的研发力度，推广先进适用装备，为推进农业绿色发展提供相应的技术和装备支撑。

## （二）迫切需要提高农村人居环境整治工程技术水平，促进生态宜居建设

改善农村人居环境是实施乡村振兴战略必须打好的硬仗。2018 年，中国实施农村人居环境整治三年行动，在农村生活垃圾和污水治理、厕所粪污治理、村容村貌和村庄规划管理等方面提出了明确的工作任务。根据新的形势和任务需要，在继续做好农业废弃物资源化利用技术和装备研发的基础上，还要加大农村生活垃圾和污水处理、农村改厕、清洁生产、村庄规划管理等方面的研究力度，提升技术装备研发和工程集成创新的能力和水平。

## （三）迫切需要提高生态环境修复工程技术水平，改善自然生态环境

乡村振兴战略规划提出，大力实施乡村生态保护与修复重大工程。积极开展农村水生态修复，大力推进荒漠化、石漠化、水土流失综合治理，加快国土综合整治，实施农村土地综合整治重大行动，实施蓝色海湾整治行动和自然岸线修复，探索实施生态修复型人工增雨工程。这一系列重大工程和重大修复治理项目涉及农业水土工程、农业生物环境工程、土地利用工程、农业系统工程等诸多领域，亟须进一步加大研究力度，围绕生态环境修复，提出适合不同地区且切实可行的解决方案和技术实施路径。

## 三、人才振兴对农业工程科技创新提出的新要求

乡村振兴关键靠人才。产业振兴和生态振兴给农业工程提出了十分繁重而艰巨的任务，这些都是亟须破解的难点，需要大批农业工程专业技术人才潜心研究，集中攻关。农业工程人才明显不足，全国高校中仅有部分高校设置了农业工程类本科专业，极少数高校具有农业工程一级

学科博士学位授予权，培养的农业工程技术人才远远不能满足实际需要，亟须加强学科建设，加大人才培养力度，为乡村振兴战略提供充足的人才支撑。

乡村振兴战略是党的十九大做出的重大战略部署，是决胜全面建成小康社会的重大历史任务。村级土地利用规划的编制为引导农村土地合理布局、优化人居环境、助推产业发展提供了契机。在此背景下，对于村级土地利用规划如何服务"三农"、服务乡村振兴战略，需要在坚持问题导向和需求导向的前提下开展规划编制工作，通过实地走访调查，发现存在的问题和挑战，了解村民实际需求，并以此为出发点对规划布局进行优化。坚持保护和发展两条红线，理顺生态、生活、生产三个空间的相互关系，在严格保护永久基本农田和生态红线的基础上，为农村产业发展提供土地支持。将前期规划与后期治理有机结合，将规划成果向村民进行公示，并收集反馈意见，确保规划管用、好用；通过拟定村规民约，采取通俗易懂的方式提高村民的治理意识，保障规划能够真正起到指引农村发展的作用。做好多规融合，不仅要做好与五级土地利用总体规划的衔接，还应当与其他上位规划、先行规划进行融合，避免"规划打架"，确保村级土地利用规划能够顺利落地实施，切实为乡村发展提供有力支撑。

## 四、乡村振兴战略与乡村农业工程规划融合的路径

### (一) 树立系统思维，强化统筹和集成作用

乡村振兴涉及农业生产、农民生活、农村生态，以及经济、政治、社会、文化等方面。农业工程涉及生物、工程、机械、信息、经济等诸多要素，是高度融合的系统工程，具有鲜明的整体性、关联性、开放性、时序性和动态平衡性等特征。在推动乡村振兴和农业农村现代化的过程中，要创新思维模式，树立系统思维，坚持科学统筹，提升战略谋划能力，围绕行业发展和实际需求，综合集成农业工程理论、方法、技术和装备，提供整体、全面、有效的解决方案。

## (二) 聚焦提质增效，促进农业转型升级

推动高质量发展是当前和今后一个时期，确定发展思路、制定经济政策、实施宏观调控的根本要求。实施乡村振兴战略，要走质量兴农之路。在农业工程科技创新上，也要树立高质量发展导向，由注重增产向提质增效转变，由外延式增长向内涵式发展转变，围绕提高资源利用率、土地产出率和劳动生产率，增强农业可持续发展能力，研究推出一批为农业提质增效的关键工程技术和装备，为农业增效、农民增收及绿色发展提供有力的技术支撑。

## (三) 强化循环发展理念，促进生产、生活、生态相融合

当前，农村生产、生活、生态不协调是乡村振兴推进中面临的突出问题，亟须在农业工程技术创新、规划编制、项目策划和工程设计方面，全面统筹农业农村空间结构，进一步优化农业生产布局和村庄空间布局，研究提出种养循环化、投入品减量化、生产清洁化、废弃物资源化、模式生态化的产业发展路径和工程解决方案，推动建立项目微循环、村庄小循环、乡镇中循环、县域大循环的农业循环体系，形成与资源环境承载力相匹配、与村镇居住环境相适宜、与生态环境相协调的农业农村发展格局。

## (四) 提高信息化应用水平，促进数字农业发展

乡村振兴战略规划提出，要大力发展数字农业，实施智慧农业工程智慧农业发展。2017 年，Technavio 咨询公司报告提出，未来几年人工智能农业应用的年复合增长率将达到 23%。针对数字农业发展的巨大需求，要抓紧建立信息感知、定量决策、智能控制、精准投入、个性服务的数字农业技术体系，突破数字农业应用的理论、方法和共性关键技术，创制一批农业智能感知、智能控制、智能作业和智能服务等重大数字农业技术产品，加快推进数字农业发展和农业农村信息化建设。

## （五）突出融合发展，做好乡村振兴规划

乡村振兴，规划先行。农业工程科研机构要发挥专业性、系统性和综合性强的优势，统筹编制乡村振兴规划，为乡村振兴提供决策咨询和技术支撑。乡村振兴规划要突出融合发展。一是注重城乡融合，坚持城乡空间布局相统一、产业发展相促进、公共服务相一致、基础设施相匹配。二是注重一、二、三产业融合，坚持全链条发展和龙头带动，构建利益联结机制，推进品牌强农。三是注重功能融合，坚持绿色生产与生态保障相促进，农业、文化、旅游相结合。四是注重产村融合，坚持产业发展带动村集体经济，盘活农村资产，增强农村内生动力和造血功能。五是注重农业与互联网融合，坚持推进生产经营信息化、农产品生产加工全程可追溯和数字乡村建设。六是注重要素融合，坚持稳定农村基本经营制度，创新农业农村投融资机制，吸引人才下乡返乡。七是注重协作融合，建立规划编制的部门协作机制，充分调动村民和社会各界参与乡村振兴规划编制的积极性。

## （六）加强学科建设，开设急需专业，培养急需人才

2018 年，《中共中央 国务院关于实施乡村振兴战略的意见》提出，支持地方高等学校、职业院校综合利用教育培训资源，灵活设置专业（方向），创新人才培养模式，为乡村振兴培养专业化人才。在当前和今后相当长的一段时期，乡村振兴需要大量的农业农村规划、农业生态、循环农业、数字农业、农业遥感、设施种养工程、农村能源工程等相关领域的专业人才。但是目前国内高校基本没有开设上述学科和专业，有条件的院校应围绕乡村振兴战略，结合行业发展需要，开设相应的学科和专业，加强农业工程学科建设，强化农业工程人才培养。

# 参考文献

## 一、著作类

[1]安国辉. 土地利用规划[M]. 北京:科学出版社,2008.

[2]姜长云. 乡村振兴战略:理论、政策和规划研究[M]. 北京:中国财政经济出版社,2018.

[3]刘汉成,夏亚华. 乡村振兴战略的理论与实践[M]. 北京:中国经济出版社,2019.

[4]任家强,薛立. 土地利用工程规划与设计[M].9版. 北京:中国农业大学出版社,2018.

[5]王万茂,王群. 土地利用规划学[M]. 北京:北京师范大学出版社,2010.

[6]王万茂,王群. 土地利用规划学[M]. 北京:中国农业大学出版社,2021.

[7]西奥多·W. 舒尔茨. 改造传统农业[M]. 北京:商务印书馆,2022.

## 二、网络资源

[1]韩长赋. 重塑工农城乡关系 推进乡村全面振兴:深入学习贯彻习近平总书记关于实施乡村振兴战略的重要论述[EB/OL].(2018-10-31)[2018-12-31]. http://www.qstheory.cn/dukan/qs/2018-10/31/c_1123633245.htm.

[2]决胜全面建成小康社会 夺取新时代中国特色社会主义伟大胜利:在中国共产党第十九次全国代表大会上的报告[EB/OL].(2017-10-27)[2018-09-03]. http://www.moe.gov.cn/jyb_xwfb/xw_zt/moe_357/jyzt_2017nztzl/2017_ztll/17ztll_yw/201710/t20171031_317898.html?eqid=

97d976520000f0370000000464278b93.

[3]李志刚.乡村振兴需要产业撬动[N/OL].人民日报,(2018-03-16)[2018-10-31].http://opinion.people.com.cn/GB/nl/2018/0316/cl003-29870655.html.

[4]谱写新时代乡村全面振兴新篇章:2017年中央农村工作会议传递六大新信号[EB/OL].(2017-12-30)[2018-12-31].https://www.gov.cn/xinwen/2017-12/30/content_5251695.htm#1.

[5]人民日报评论员.牢牢把握农业农村现代化这个总目标:论学习习近平总书记关于实施乡村振兴战略重要讲话精神[N/OL].人民日报,(2018-09-30)[2018-12-31].https://pinglun.youth.cn/ll/201809/t20180930_11744571.htm.

[6]我国粮食总产量首次突破6亿吨 实现"十连增"[EB/OL].(2013-11-29)[2018-09-03].https://www.gov.cn/govweb/jrzg/2013-11-29/content_2538506.htm.

[7]中共中央国务院关于实施乡村振兴战略的意见[EB/OL].(2018-01-02)[2018-09-03].https://www.gov.cn/zhengce/2018-02/04/content_5263807.htm.

## 三、期刊类

[1]蔡宁,王莹,尚丹,等.乡村振兴背景下田园综合体发展路径选择[J].安徽农业科学,2020,48(20):253-254.

[2]曹玉琴.土地利用规划及管理中3S技术分析[J].价值工程,2020,39(11):35-36.

[3]陈丽芬.乡村振兴战略下村级土地利用规划的编制要点分析[J].中国地名,2020,320(3):74-75.

[4]杜文星,赵志忠,吕晓,等.城乡土地利用转型研究进展及展望[J].土壤通报,2021,52(2):493-504.

[5]房蓓琦,陈亮璞.生态理念在土地利用规划中的应用研究[J].数码设计(下),2020,9(3):113-114.

［6］耿以军．土地利用规划环境影响评价若干问题探讨［J］．建筑工程技术与设计，2021(1):1836.

［7］桂胜明．基于生态理念的土地利用规划要点研究［J］．环球市场，2020(19):300.

［8］郭世峰．土地利用数据库在土地开发整理规划中的应用效果研究［J］．砖瓦世界，2021(1):53.

［9］韩春慧．城市规划与土地利用规划衔接问题探讨［J］．城镇建设，2021(7):31.

［10］何宗春．土地利用规划实施问题及对策研究［J］．商品与质量，2021(10):133.

［11］贺倩，周英，刘星科，等．彭州市不同土地利用类型的土壤动物群落特征［J］．四川农业大学学报，2020,38(5):596-608.

［12］侯俊．土地利用规划与城市规划协调研究［J］．科学与财富，2021,13(5):290.

［13］黄英男，霍子文，夏晓波，等．基于 RS 的赵楼矿区土地利用变化特征分析［J］．中国矿业，2020,29(S2):102-106.

［14］李军．土地利用规划环境影响评价若干问题探讨［J］．精品，2021(4):281.

［15］李智勇．城市规划与土地利用规划衔接问题探讨［J］．科学与财富，2021,13(5):295.

［16］林树高，陆汝成，刘少坤，等．基于"三生"空间的广西边境地区土地利用格局及多功能演变［J］．农业工程学报，2021,37(5):265-274.

［17］刘芳．乡村振兴战略下村土地利用规划编制研究［J］．大科技，2020(47):281-282.

［18］刘永恒，王鹏杰．找准财政杠杆发力点"沟域经济"推动乡村振兴［J］．中国财政，2020,816(19):33-34.

［19］刘志华．浅析城市规划与土地利用总体规划的协调［J］．中国房地产业，2020(4):52,55.

［20］马艳．土地利用规划中的耕地保护目标选择实践探究［J］．百科论坛电子杂志，2020(4):824.

［21］宁启蒙，欧阳海燕，汤放华，等．土地利用变化影响下洞庭湖地区景观格局的时空演变［J］．经济地理，2020,40(9):196-203.

［22］潘世东．浅谈生态理念在土地利用规划中的应用［J］．中国房地产业，2020(4):40.

［23］秦培刚．从土地利用规划角度浅谈国土空间规划体系建设［J］．管理学家，2021(1):18-20.

［24］申红阳．基于城市边缘区域土地利用现状的规划设计与管理［J］．砖瓦，2021,397(1):61-62.

［25］孙纪琛．土地利用规划及管理中3S技术分析［J］．商品与质量，2020(13):143.

［26］王光辉．土地利用总体规划实施的有效途径和保障措施［J］．卷宗，2021(6):391.

［27］韦捷，陈华发．相关规划与土地利用总体规划"多规融合"探索探析［J］．城镇建设，2021(2):114-115.

［28］吴兵．地理信息系统在土地利用规划中的应用［J］．冶金与材料，2020,40(2):94,96.

［29］吴祚绅，张盛，俞晓．浅谈土地利用规划环境影响评价若干问题［J］．农村实用技术，2021,231(2):15-16.

［30］薛冰冰．集约型城市互通式立交桥周边土地利用规划研究［J］．科技风，2020,422(18):172,174.

［31］杨馥榕．土地利用规划环境影响评价分析［J］．资源节约与环保，2020,222(5):141.

［32］于长滨．土地利用总体规划实施动态评估［J］．砖瓦，2020,393(9):80-81.

［33］张海豹，皮微．乡村振兴战略背景下农村土地利用规划技术路线研究［J］．智能城市，2019,5(18):135-136.

［34］张建忠．要素配置效率、城市群与乡村振兴实践路径［J］．经济研究参考，2020,2965(21):23-31.

［35］周殷竹，王彪，刘义，等．青海囊谦县城周边农耕区土壤质量地球化学评价及富硒土地利用分区［J］．干旱区资源与环境，2020,34(10):93-101.